Tastenkombinationen
für den Mac

Ulrich Vermeer

Tastenkombinationen für den Mac

Alle wichtigen Funktionen

ISBN 978-3-945384-04-6

© 2015 by Markt+Technik Verlag GmbH
3., aktualisierte Auflage
Espenpark 1a
90559 Burgthann

Produktmanagement Christian Braun, Burkhardt Lühr
Korrektorat Paul Guillaumon
Herstellung Jutta Brunemann, j.brunemann@mut.de
Einbandgestaltung David Haberkamp
Coverfoto © Sashkin – Fotolia.com
Satz Thorsten Schlosser, Kreuztal (www.buchsetzer.de)
Druck Media-Print, Paderborn
Printed in Germany

Vorwort

Apple steht seit mehr als 30 Jahren für Innovation und Qualität auf hohem Niveau. Eine Qualität, die sich Apple immer gut bezahlen ließ – dementsprechend überschaubar blieb auch der Kreis der Apple-Nutzer. Erst mit der Einführung des iPods im Jahr 2001 brachen langsam die Dämme und die Marke Apple wurde einem immer größer werdenden Publikum zugänglich. Damit wuchs auch der bis dato elitäre Kreis der Macintosh-Nutzer langsam mit.

Dann ein Zeitsprung in den Januar des Jahres 2007. Steve Jobs stellt auf der Macworld Conference & Expo in San Francisco das iPhone vor. Von der Mehrheit zunächst belächelt, überzeugte das iPhone sehr schnell auch die letzten Skeptiker. Revolutionär am iPhone war bei der Einführung der berührungsempfindliche Bildschirm. Derartige Bildschirme gab es zwar schon vorher, aber erst Apple hat es verstanden, diese Eingabetechnik bedienbar zu machen. Nur mit einfachen Fingergesten konnte im digitalen Workflow erstmals mehr bewerkstelligt werden als durch Klicken oder Tippen mit Maus und Tastatur.

Im Windschatten des iPhones wurde die Entwicklung des iPads vorangetrieben, das Anfang 2010 die Fachwelt ein weiteres Mal zu Begeisterungsstürmen hinriss. Ein Gerät, das aussieht wie ein übergroßes iPhone, mit dem sich aber nahezu alle grundlegenden Arbeiten wie mit einem normalen Computer erledigen lassen. Seine Stärken entfaltet das iPad allerdings in seiner Eigenschaft als Immer-dabei-Computer, als Surfbrett fürs Internet, als Foto- und Videobetrachter sowie als E-Book-Reader. Sowohl iPod, iPhone als auch das iPad arbeiten auf Basis von Apples iOS-Betriebssystem für mobile Geräte.

Während iPhone und iPad die Branche aufmischen, geht natürlich auch die Entwicklung und Modellpflege im Mac-Segment weiter. Ein entscheidender Schritt war der Umstieg von Motorola-Prozessoren auf Intel-Prozessoren, die seit 2006 in allen Macs verbaut werden. Seitdem war es sogar möglich, parallel zum Betriebssystem Mac OS X mit Unterstützung der Software Boot Camp Windows auf einem Mac zu installieren. Ein Argument, das viele unzufriedene Windows-Anwender für den Systemwechsel zu Mac OS X nutzten, wovon insbesondere der iMac profitierte. Heute ist der iMac der Inbegriff des All-in-one-Computers: durchdachtes Design, wenig Platzbedarf, kein Kabelsalat – alles aus einem Guss.

Apple-Geräte sind zwar immer noch teurer als vergleichbare Geräte anderer Hersteller, aber sie punkten mit langer Lebensdauer, hoher Benutzerfreundlichkeit, intuitiver Bedienung und einem unschlagbaren Design. Ein wichtiger Aspekt in Sachen Bedienung ist das gekonnte Spiel auf der OS-X-Klaviatur. Nehmen Sie sich ein wenig Zeit und stellen Sie mit diesem Buch Ihr ganz persönliches Set an Tastenkürzeln und Fingergesten zusammen – damit Ihr Workflow mit dem neuen OS X El Capitan noch besser wird.

Ulrich Vermeer im November 2015

Inhaltsverzeichnis

Inhaltsverzeichnis

Fotoworkflow 58

Organisieren 69

OS-X-Tools 85

Tasten und Gesten

Die Apple-Tastatur tickt etwas anders als eine Windows-Tastatur. Die Belegung von Zahlen, Buchstaben und Satzzeichen ist gleich. Abweichungen gibt es zunächst bei den Sondertasten: `Strg` ist `ctrl`, `Alt` ist `alt ⌥`, und dann gibt es noch die `cmd ⌘`-Taste, auch als legendäre Apfeltaste ein Begriff.

Die neuen wiederaufladbaren Apple-Eingabegeräte: das Magic Keyboard, das Magic Trackpad 2 und die Magic Mouse 2 (Foto: Apple).

Unverzichtbar sind Sonderzeichen auch für alle, die Windows via Parallels oder VMware Fusion auf dem Mac betreiben. Viele Windows-Umsteiger fragen zuerst, wo das Backslash-Zeichen \ geblieben ist, das sich auf der Mac-Tastatur hinter dem Tastenkürzel `⇧`+`alt ⌥`+`7` versteckt. Die Zeichen sind natürlich nach wie vor vorhanden, es erfordert lediglich ein Umgewöhnen bei der Eingabe.

Wie auch immer der Anwendungszweck unter Mac OS X ist – in diesem Buch finden Sie die wichtigsten Tastenkürzel für Ihre Mac-OS-X-Tastatur.

Wichtige Tasten

Alle in diesem Buch vorgestellten Tastenkürzel funktionieren sowohl mit dem neuen Apple Magic Keyboard, dem Wireless Keyboard als auch mit dem Apple Keyboard mit numerischer Tastatur. Lernen Sie zunächst die wichtigsten Tasten kennen, aus deren Kombinationsmöglichkeiten nahezu alle Tastenkürzel für den perfekten Workflow mit Mac OS X abgeleitet werden können.

Tasten	Bezeichnungen
esc	esc, Escape
→|	Tab, Tabulator
⇧	Caps Lock, Feststelltaste
⇧	Shift, Umschalttaste
ctrl	ctrl, Kontrolltaste, Steuerungstaste
alt	alt, Wahltaste, Optionstaste
cmd ⌘	cmd, Befehlstaste, Command, Apfeltaste
↵	Enter, Return, Eingabetaste
←	Back, Backspace, Rücktaste
⏏	Eject, Auswurftaste, Medienauswurftaste

Tastenkürzel ändern

In den Systemeinstellungen von OS X El Capitan finden Sie in Zeile 2 die Einstellungen für *Tastatur*, *Maus* und *Trackpad*.

Ein Klick auf dieses Symbol öffnet die »Systemeinstellungen«.

Klicken Sie auf ein Symbol, um das entsprechende Dialogfeld mit den möglichen Geräteeinstellungen zu öffnen.

Rufen Sie das Dialogfeld *Tastatur* auf. Hier können Sie zunächst die *Tastenwiederholung* und *Ansprechverzögerung* Ihren Vorgaben entsprechend einstellen.

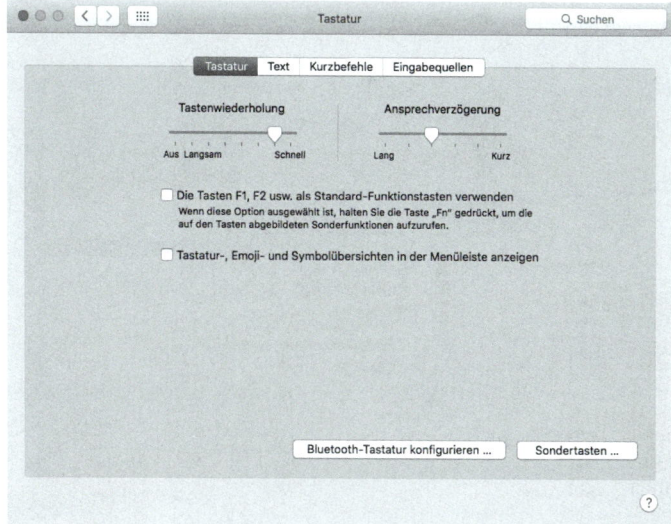

Tastenwiederholung und Ansprechverzögerung einstellen.

Die Tastenwiederholung ist die Geschwindigkeit, mit der Mac OS X das Zeichen wiederholt, wenn Sie eine Taste gedrückt halten. Die Ansprechverzögerung ist die Zeitspanne zwischen dem Augenblick, in dem Sie eine Taste drücken, und dem Moment, in dem der Computer Ihre Eingabe akzeptiert.

Je nachdem, mit welchem Mac (MacBook, MacBook Air, MacBook Pro, iMac, Mac Pro oder Mac mini) Sie arbeiten, können Sie festlegen, ob Sie die Tasten [F1], [F2] etc. als Standard-Funktionstasten verwenden möchten. Wenn dem so ist, müssen Sie immer die [fn]-Taste gedrückt halten, wenn Sie die von Apple vorgegebenen Funktionen wie das Regeln der Displayhelligkeit oder der Lautstärke der Tasten nutzen möchten. Mit dem Vorteil, dass Sie häufig genutzte Funktionstasten in Programmen mit eigenen Tastenkürzeln, sprich Kurzbefehlen, belegen können.

Bereits voreingestellte Tastenkürzel, die Sie individuell ändern können, finden Sie im Register *Kurzbefehle*.

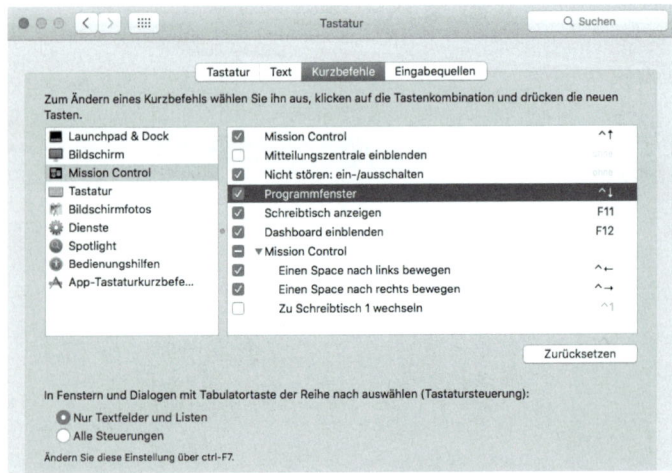

Bestehende Kurzbefehle anpassen oder neue Tastenkürzel erstellen.

Markieren Sie die zu verändernde Tastenkombination und führen Sie anschließend einen Doppelklick auf das markierte Feld (oder leere Eingabefeld) im rechten Teil des Fensters aus. Jetzt kann das Tastenkürzel geändert oder belegt werden, sofern es noch frei ist. Ein Klick auf die Schaltfläche *Zurücksetzen* setzt alle Änderungen wieder zurück.

Die Tabelle zeigt eine Zusammenfassung der bereits voreingestellten Kurzbefehle im Dialogfeld *Tastatur*.

Launchpad & Dock	
`alt ⌥` + `cmd ⌘` + `D`	Dock ausblenden: ein/aus
individuelle Zuweisung	Launchpad einblenden (kann individuell zugewiesen werden)

Bildschirm	
`F14`	Bildschirmhelligkeit verringern (nicht am Mac mini und MacBook)
`F15`	Bildschirmhelligkeit erhöhen (nicht am Mac mini und MacBook)

Mission Control	
`ctrl` + `↑`	Misson Control starten
`ctrl` + `↓`	Programmfenster
`F11`	Schreibtisch anzeigen
`F12`	Dashboard einblenden
`ctrl` + `←`	Einen Space nach links bewegen
`ctrl` + `→`	Einen Space nach rechts bewegen
`ctrl` + `1`	Zu Schreibtisch 1 wechseln

Tastatur

F1	Bildschirmhelligkeit auf MacBook verringern
F2	Bildschirmhelligkeit auf MacBook erhöhen
F14	Bildschirmhelligkeit auf iMac verringen
F15	Bildschirmhelligkeit auf iMac erhöhen
F3	Mission Control aktivieren
F4	Launchpad aufrufen
F8	Startet iTunes
F10	Lautsprecher stumm schalten und wieder an
F11	Lautstärke verringern
F12	Lautstärke erhöhen

Bildschirmfotos

⇧ + cmd ⌘ + 3	Bildschirmfoto als Datei auf dem Schreibtisch speichern oder nach Abfrage in die Dropbox legen
ctrl + ⇧ + cmd ⌘ + 3	Ein Bildschirmfoto in die Zwischenablage legen
⇧ + cmd ⌘ + 4	Ein Bild des ausgewählten Bereichs auf dem Schreibtisch speichern
ctrl + ⇧ + cmd ⌘ + 4	Ein Bild des ausgewählten Bereichs in die Zwischenablage legen

Spotlight

cmd ⌘ + Leertaste	Spotlight-Suche anzeigen
alt ⌥ + cmd ⌘ + Leertaste	Spotlight-Fenster anzeigen

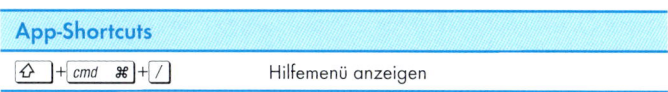

⇧ + cmd ⌘ + /   Hilfemenü anzeigen

Magic Mouse 2

Arbeiten Sie noch mit einer herkömmlichen USB-Maus, bestimmen Sie mit Schiebereglern, wie schnell der Mauszeiger auf Bewegungen der Maus reagiert, ab wann zwei Klicks als Doppelklick erkannt werden oder wie schnell das Scrollen in Dokumenten oder Webseiten mit dem Scrollrad vonstattengeht.

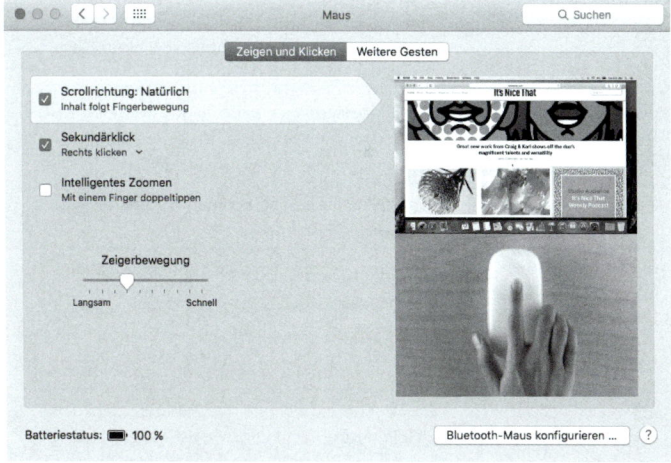

Stellen Sie vorzugsweise das Kontrollfeld »Scrollrichtung: Natürlich« ein und aktivieren Sie den »Sekundärklick« zum schnellen Aufrufen von Kontextmenüs. Kurze Videoclips zeigen zu jeder Funktion die entsprechende Mausgeste.

Arbeiten Sie mit der Apple Magic Mouse, zeigen Ihnen nach dem Aufruf des Dialogfelds *Maus* kurze Videosequenzen, wie Sie die eingestellten Funktionen durch Tippen und Streichen der Mausoberfläche auslösen können.

Die Tabelle zeigt eine Zusammenfassung der bereits voreingestellten Funktionen und möglicher Mausgesten.

Magic-Mouse-Gesten	
Scrollrichtung: Natürlich	Der Inhalt eines Fensters folgt Ihrer Fingerbewegung.
Sekundärklick	Mit dem Sekundärklick (links oder rechts) starten Sie das entsprechende Kontextmenü einer aktiven Anwendung. Klicken Sie z. B. mit rechts auf einen Bereich des Schreibtischs, erscheint das Kontextmenü mit diversen Einstellungen wie Informationen, Schreibtischhintergrund ändern u. a.
Intelligentes Zoomen	Mit Doppeltippen nur eines Fingers vergrößern Sie die Ansicht von Webseiten. Ein weiteres Doppeltippen verkleinert die Ansicht wieder.
Zeigerbewegung	Hier stellen Sie ein, ob sich der Mauszeiger schnell oder eher langsam bewegen soll.
Mit Streichen Seiten blättern	Durch den Verlauf besuchter Websites blättern: ■ mit einem Finger horizontal blättern ■ mit zwei Fingern horizontal streichen ■ mit einem oder zwei Fingern horizontal blättern
Mit Streichen Spaces und/oder Vollbild-Apps wechseln	Arbeiten Sie mit mehreren Spaces oder geöffneten Vollbild-Apps, wechseln Sie zwischen den Ansichten hin und her, indem Sie mit drei oder vier Fingern horizontal streichen.
Mission Control	Doppeltippen mit zwei Fingern startet und schließt die Mission Control.

Magic Trackpad 2

Hat man sich erst einmal an das Trackpad gewöhnt, wird man es nicht wieder hergeben wollen. Dank der Multitouch-Funktion sind die Möglichkeiten, die man mit der Trackpad-Steuerung hat, vielseitiger und komfortabler als mit der Maus.

Die Erklärung respektive die Darstellung der einzelnen Funktionen ist – wie für Apple typisch – vorbildlich gelöst. Klickt man auf eine der Funktionen, zeigt Ihnen ein Videoclip, wie man die Funktion mit Finger und Trackpad ausführt.

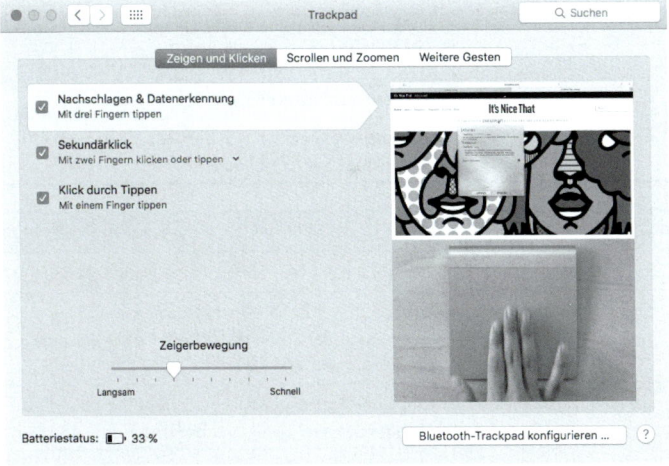

Kurze Videoclips zeigen zu jeder Funktion die entsprechende Geste.

Die Tabelle zeigt eine Zusammenfassung der bereits voreingestellten Funktionen und anpassbarer Trackpad-Gesten.

Zeigen und Klicken

Nachschlagen & Datenerkennung	Haben Sie z. B. die Lexikon-App geöffnet, zeigt ein Tipp mit drei Fingern weiterführende Erläuterungen zu einem markierten Begriff an.
Sekundärklick	Mit dem Sekundärklick öffnen Sie das entsprechende Kontextmenü einer aktiven Anwendung. Sie haben die Wahl zwischen Klicken und Tippen: ■ mit zwei Fingern klicken oder tippen ■ auf die rechte untere Ecke klicken ■ auf die linke untere Ecke klicken
Klick durch Tippen	Mit nur einem Finger tippen
Zeigerbewegung	Hier stellen Sie ein, ob sich der Mauszeiger schnell oder eher langsam bewegen soll.

Scrollen und Zoomen

Scrollrichtung: Natürlich	Der Inhalt eines Fensters folgt Ihrer Fingerbewegung.
Ein- oder Auszoomen	Durch Auf- und Zuziehen von Daumen und Zeigefinger vergrößern oder verkleinern Sie die Anzeige von Bildern und Webseiten.
Intelligentes Zoomen	Ein Doppeltipp mit zwei Fingern vergrößert die Anzeige von Webseiten und Bildern.
Drehen	Mit Daumen und Zeigefinger drehen Sie Bilder entweder im oder gegen den Uhrzeigersinn.

Weitere Gesten

Mit Streichen Seiten blättern	Durch den Verlauf besuchter Websites blättern, Sie haben die Wahl zwischen: ■ mit zwei Fingern horizontal blättern ■ mit drei Fingern streichen ■ mit zwei oder drei Fingern streichen
Mit Streichen Vollbild-Apps wechseln	Arbeiten Sie mit mehreren geöffneten Vollbild-Apps, wechseln Sie zwischen den Apps hin und her, indem Sie entweder ■ mit vier Fingern horizontal streichen oder ■ mit drei Fingern horizontal streichen
Mitteilungszentrale	Mit zwei Fingern vom rechten Rand nach links streichen
Mission Control	Öffnet und schließt die Mission Control, Sie haben die Wahl zwischen: ■ mit vier Fingern aufwärts streichen ■ mit drei Fingern aufwärts streichen
App Exposé	Öffnet und schließt App Exposé, Sie haben die Wahl zwischen: ■ mit vier Fingern abwärts streichen ■ mit drei Fingern abwärts streichen
Launchpad	Möchten Sie über das Launchpad ein neues Programm starten, ziehen Sie Daumen (untere linke Ecke) und drei Finger (obere rechte Ecke) zusammen.
Schreibtisch anzeigen	Das Auseinanderziehen von Daumen und drei Fingern holt den Schreibtisch wieder zurück.

Basisworkflow

Mit der Einführung von OS X Yosemite hat Apple das OS-X-Betriebssystem um grundlegende Funktionen erweitert und dem User-Interface ein neues Flat-Design verpasst, in Anlehnung an das mobile iOS-Betriebssystem. Nur ein Jahr später, im September 2015, dann der nächste Streich – OS X El Capitan.

Man merkt es sofort: Bei OS X El Capitan haben die Entwickler mächtig an der Performanceschraube gedreht. Leistungssteigerungen an nahezu jedem OS-X-Baustein und die Bereitstellung neuer Apps bringen auch neue Tastenkürzel mit, die Ihnen dieses Buch vorstellt.

Häufige Tastenkürzel

Egal, mit welcher Version von Mac OS X Sie arbeiten, die folgenden Tastenkürzel sind diejenigen, die bei der Arbeit mit einem Mac im Basisworkflow am häufigsten eingesetzt werden.

Workflow	
cmd ⌘ + ,	Einstellungen des aktiven Programms
cmd ⌘ + X	Ausschneiden
cmd ⌘ + C	Kopieren
cmd ⌘ + V	Einsetzen
cmd ⌘ + A	Alle auswählen
cmd ⌘ + Z	Zurück
⇧ + cmd ⌘ + Z	Wiederholen
cmd ⌘ + P	Drucken
cmd ⌘ + S	Speichern

`cmd ⌘` + `Leertaste`	Spotlight-Suche
`cmd ⌘` + `←`	Dateien und Ordner in den Papierkorb legen
`cmd ⌘` + `⇧` + `←`	Papierkorb entleeren
`cmd ⌘` + `M`	Aktives Fenster ins Dock legen
`cmd ⌘` + `H`	Aktives Fenster ausblenden
`cmd ⌘` + `W`	Fenster schließen
`cmd ⌘` + `→|`	Zwischen geöffneten Programmen wechseln
`cmd ⌘` + `Q`	Aktives Programm beenden
`cmd ⌘` + `E`	Externe Speichermedien auswerfen
`⏏`	CD/DVD auswerfen
`ctrl` + `⇧` + `⏏`	Schaltet den Monitor aus
`⇧` + `cmd ⌘` + `Q`	Meldet den aktuellen Benutzer ab
`alt ⌥` + `cmd ⌘` + `ctrl` + `⏏`	Sofortiges Herunterfahren ohne Sicherheitsabfrage
`fn`, `fn`	Diktat starten
`fn` (oder `⏎`)	Diktat stoppen
`ctrl` + `cmd ⌘` + `Leertaste`	Sonderzeichen, Smileys, Symbole

Der Finder

Der Finder ist Dreh- und Angelpunkt fast aller Aktionen auf dem Mac. Vom Finder aus starten Sie Programme, bearbeiten Dateien, steuern Freigaben, Geräte und mehr.

Finder

`cmd ⌘` + `,`	Finder-Einstellungen
`cmd ⌘` + `H`	Finder ausblenden

Ablage

`cmd ⌘`+`N`	Neues Finder-Fenster
`⇧`+`cmd ⌘`+`N`	Neuer Ordner
`ctrl`+`cmd ⌘`+`N`	Neuer intelligenter Ordner
`cmd ⌘`+`T`	Neuer Tab
`cmd ⌘`+`O`	Öffnen
`cmd ⌘`+`P`	Drucken
`cmd ⌘`+`W`	Aktuelles Finder-Fenster schließen
`cmd ⌘`+`I`	Informationen
`cmd ⌘`+`D`	Duplizieren
`cmd ⌘`+`L`	Alias erzeugen
`cmd ⌘`+`Y`	Übersicht von *Dokumente*
`cmd ⌘`+`R`	Zeigt den Speicherort der Originaldatei des Alias an
`ctrl`+`cmd ⌘`+`T`	Zur Seitenleiste hinzufügen
`cmd ⌘`+`←`	In den Papierkorb legen
`cmd ⌘`+`E`	Externe Speichermedien auswerfen
`cmd ⌘`+`F`	Suchen

Bearbeiten

`cmd ⌘`+`Z`	Bewegen von Objekten widerrufen
`cmd ⌘`+`X`	Ausschneiden
`cmd ⌘`+`C`	Kopieren
`cmd ⌘`+`V`	Einsetzen
`cmd ⌘`+`A`	Alle auswählen
`ctrl`+`cmd ⌘`+`Leertaste`	Sonderzeichen

Darstellung

`cmd ⌘` + `1`	Symbolansicht
`cmd ⌘` + `2`	Listenansicht
`cmd ⌘` + `3`	Spaltenansicht
`cmd ⌘` + `4`	Cover-Flow-Ansicht
`ctrl` + `cmd ⌘` + `T`	Tableiste ein-/ausblenden
`alt ⌥` + `cmd ⌘` + `P`	Pfadleiste ein-/ausblenden
`cmd ⌘` + `/`	Statusleiste ein-/ausblenden
`ctrl` + `cmd ⌘` + `S`	Seitenleiste ein-/ausblenden
`⇧` + `cmd ⌘` + `P`	Vorschau im Finder ein-/ausblenden
`alt ⌥` + `cmd ⌘` + `T`	Symbolleiste ein-/ausblenden
`cmd ⌘` + `J`	Darstellungsoptionen ein-/ausblenden
`ctrl` + `cmd ⌘` + `F`	Vollbilddarstellung einschalten

Gehe zu

`cmd ⌘` + `Ö`	Zurück
`cmd ⌘` + `Ä`	Vorwärts
`cmd ⌘` + `↑`	Übergeordneter Ordner
`⇧` + `cmd ⌘` + `F`	Alle meine Dateien
`⇧` + `cmd ⌘` + `O`	Dokumente
`⇧` + `cmd ⌘` + `D`	Schreibtisch
`alt ⌥` + `cmd ⌘` + `L`	Downloads
`⇧` + `cmd ⌘` + `H`	Benutzerordner
`⇧` + `cmd ⌘` + `C`	Computer
`⇧` + `cmd ⌘` + `R`	AirDrop

⇧ + cmd ⌘ + K	Netzwerk
⇧ + cmd ⌘ + I	iCloud Drive
⇧ + cmd ⌘ + A	Programme
⇧ + cmd ⌘ + U	Dienstprogramme
⇧ + cmd ⌘ + G	Gehe zu Ordner
cmd ⌘ + K	Mit Server verbinden

Fenster

cmd ⌘ + M	Im Dock ablegen

Hilfe

cmd ⌘ + ?	Hilfe

Bearbeiten von Texten

Beim Schreiben von E-Mails und Erstellen von Texten mit TextEdit, beim Notizbuch oder dem Erstellen mehrseitiger Dokumente mit Pages arbeiten Sie mit diesen Tastenkürzeln wesentlich effizienter als nur mit der Maus.

Textbearbeitung

ctrl + A	Cursor zum Zeilenanfang oder zum Absatzanfang bewegen
ctrl + E	Cursor zum Zeilenende oder zum Absatzende bewegen
ctrl + D	Je ein Zeichen rechts vom Cursor löschen

`ctrl` + `H`	Je ein Zeichen links vom Cursor löschen
`ctrl` + `K`	Alle Zeichen rechts vom Cursor bis zum Zeilenende oder Absatzende löschen
`ctrl` + `N`	Cursor eine Zeile nach unten bewegen
`ctrl` + `P`	Cursor eine Zeile nach oben bewegen
`ctrl` + `O`	Rechts vom Cursor eine neue Zeile einfügen
`ctrl` + `T`	Ein Zeichen vor und hinter dem Cursor vertauschen
`cmd ⌘` + `I`	Markierte Zeichen kursiv setzen
`cmd ⌘` + `B`	Markierte Zeichen fett setzen
`cmd ⌘` + `U`	Markierte Zeichen unterstreichen
`alt ⌥` + `←`	Ganze Wörter links vom Cursor löschen

Lexikon

Hinter dem Lexikon stecken das Duden-Wissensnetz deutsche Sprache, das Apple-Lexikon und Wikipedia.

Grundfunktionen

`cmd ⌘` + `,`	Einstellungen
`cmd ⌘` + `H`	Lexikon ausblenden
`alt ⌥` + `cmd ⌘` + `H`	Andere ausblenden
`cmd ⌘` + `Q`	Lexikon beenden

Ablage

`cmd ⌘` + `N`	Neues Fenster
`cmd ⌘` + `W`	Schließen
`cmd ⌘` + `P`	Drucken

Bearbeiten

`cmd` `⌘` + `Z`	Widerrufen
`⇧` + `cmd` `⌘` + `Z`	Wiederholen
`cmd` `⌘` + `X`	Ausschneiden
`cmd` `⌘` + `C`	Kopieren
`cmd` `⌘` + `V`	Einsetzen
`cmd` `⌘` + `A`	Alle auswählen

Gehe zu

`cmd` `⌘` + `O`	Zurück
`cmd` `⌘` + `Ä`	Vorwärts

Suchen

`cmd` `⌘` + `0`	Alle Lexika
`cmd` `⌘` + `1`	Duden-Wissensnetz deutsche Sprache
`cmd` `⌘` + `2`	Apple-Lexikon
`cmd` `⌘` + `3`	Wikipedia
`⇧` + `cmd` `⌘` + `Ä`	Nächstes Lexikon auswählen
`⇧` + `cmd` `⌘` + `O`	Vorheriges Lexikon auswählen

Fenster

`cmd` `⌘` + `M`	Im Dock ablegen

Apples Bedienungshilfen

Mit diesen Tastenkürzeln bewegen Sie sich in Fenstern, in Dokumenten, rufen Mission Control und Dashboard auf. Oder Sie steuern den Mauszeiger mit der Tastatur – dazu muss in den *Bedienungshilfen* unter *Maus & Trackpad* das Kontrollfeld *Mausbedienung aktivieren* markiert werden.

Bedienungshilfen	
→|	Zum nächsten Objekt wechseln
⇧ + →|	Zurück zum vorherigen Objekt
ctrl + →|	In einem ausgewählten Bereich bewegen, z. B. in einer Tabellenzelle
Leertaste	Markiertes Objekt wählen
← oder →	Bei aktiver Menüleiste von Menü zu Menü bewegen
↑ oder ↓	In einem ausgewählten Menü bewegen
⏎	Ein angewähltes Menü öffnen
ctrl + ↑	Mission Control aufrufen
ctrl + ↓	Zurück zum Programm
ctrl + ←	Dashboard aufrufen
ctrl + →	Zurück zum Programm
alt ⌥ + cmd ⌘ + D	Dock ausblenden
⇧ + cmd ⌘ + /	Hilfemenü öffnen
alt ⌥ + cmd ⌘ + F5	Optionen für Bedienungshilfen
8	Mauszeiger nach oben
2	Mauszeiger nach unten
4	Mauszeiger nach links

`6`	Mauszeiger nach rechts
`1`	Mauszeiger diagonal nach links unten
`3`	Mauszeiger diagonal nach rechts unten
`7`	Mauszeiger diagonal nach links oben
`9`	Mauszeiger diagonal nach rechts oben
`5`	Maustaste drücken
`0`	Maustaste gedrückt halten

Sonderzeichen

Sonderzeichen auf der Apple-Tastatur

`alt ⌥`+`⇧`+`+`	⌘ (Apfel)
`alt ⌥`+`L`	@ (At)
`alt ⌥`+`E`	€ (Euro)
`alt ⌥`+`⇧`+`4`	£ (Britisches Pfund)
`⇧`+`4`	$ (US-Dollar)
`alt ⌥`+`G`	© (Copyright)
`alt ⌥`+`⇧`+`D`	™ (Trademark)
`alt ⌥`+`R`	® (Registered Trademark)
`⇧`+`3`	§ (Paragraf)
`alt ⌥`+`T`	† (Gestorben)
`⇧`+`5`	% (Prozent)
`alt ⌥`+`⇧`+`E`	‰ (Pro Tausend)
`alt ⌥`+`P`	π (Pi)
`alt ⌥`+`,`	∞ (Unendlich)

`alt` + `0`	≠ (Ungleich)
`alt` + `⇧` + `7`	\ (Backslash)
`⇧` + `7`	/ (Slash)
`alt` + `7`	| (senkrechter Strich)
`alt` + `Ü`	• (mittiger Punkt)
`alt` + `.`	… (drei Punkte)
`alt` + `N`	~ (Tilde)
`alt` + `V`	√ (Häkchen setzen)
`alt` + `K`	Δ (Delta)
`alt` + `W`	∑ (Summe)
`alt` + `O`	∅ (Durchschnitt)
`alt` + `+`	± (Plus/Minus)
`alt` + `⇧` + `W`	„ (deutsches Anführungszeichen unten)
`alt` + `2`	" (deutsches Anführungszeichen oben)
`alt` + `S`	‚ (deutsches Anführungszeichen einfach unten)
`alt` + `#`	' (deutsches Anführungszeichen einfach oben)
`alt` + `⇧` + `Q`	» (französisches öffnendes Anführungszeichen)
`alt` + `Q`	« (französisches schließendes Anführungszeichen)
`alt` + `5`	[(eckige Klammer auf)
`alt` + `6`	] (eckige Klammer zu)
`⇧` + `8`	((normale Klammer auf)
`⇧` + `9`	) (normale Klammer zu)
`alt` + `8`	{ (geschwungene Klammer auf)
`alt` + `9`	} (geschwungene Klammer zu)

Systemstart

Die folgenden Tastenkürzel werden Sie nur selten gebrauchen. Wenn es dann doch einmal sein sollte, halten Sie einfach die Taste oder das Tastenkürzel beim Hochfahren des Computers gedrückt.

Beim Booten von Mac OS X	
`alt ⌥`	Anzeige startfähiger Laufwerke im Start-up-Manager
`⇧`	Im gesicherten Modus starten
`cmd ⌘`+`R`	Wiederherstellung von OS X
`cmd ⌘`+`V`	Ablaufprotokoll anzeigen
`cmd ⌘`+`S`	Im Einzelbenutzermodus starten
`C`	Von einem bootfähigen Medium starten (USB-Stick, DVD u. a.)
`T`	Im Festplattenmodus starten
`D`	Apple-Hardwaretest verwenden
Maustaste gedrückt halten	CD/DVD auswerfen

Ruhezustand und Ausschalten

Ruhezustand/Aus	
`cmd ⌘`+`ctrl`+Ein-/Aus-Schalter	Einen Neustart erzwingen
`ctrl`+`⏏`	Neustart, Ruhezustand, Abbrechen, Ausschalten
`cmd ⌘`+`alt ⌥`+`⏏`	Sofortiger Ruhezustand
`⇧`+`ctrl`+`⏏`	Bildschirm(e) in den Ruhezustand
`cmd ⌘`+`alt ⌥`+`ctrl`+`⏏`	Programme beenden und Mac ausschalten
Ein-/Aus-Schalter länger als 5 Sekunden gedrückt halten	Ausschalten des Macs erzwingen

Smart Surfen

Beim ersten Start eines neuen Macs findet OS X automatisch alle WLANs in unmittelbarer Umgebung. Der Anwender braucht nur noch seinen Netzwerkschlüssel einzugeben, und nichts steht der freien Fahrt ins World Wide Web mehr im Weg.

Safari

Safari ist Apples Antwort auf Google Chrome, Micro-soft Edge und Mozilla Firefox und einfach die beste Art, schnell und smart durchs Web zu surfen. Und im Zusammenspiel mit iCloud sorgt Safari für den optimalen Datenabgleich mit allen verbundenen Apple-Geräten.

Grundfunktionen	
cmd ⌘ + ,	Einstellungen
cmd ⌘ + H	Safari ausblenden
alt ⌥ + cmd ⌘ + H	Andere ausblenden
cmd ⌘ + Q	Safari beenden

Ablage	
cmd ⌘ + N	Neues Fenster
⇧ + cmd ⌘ + N	Neues privates Fenster
cmd ⌘ + T	Neuer Tab
cmd ⌘ + O	Datei öffnen
cmd ⌘ + L	Adresse öffnen
cmd ⌘ + W	Fenster schließen

`alt ⌥` + `cmd ⌘` + `W`	Alle Fenster schließen
`cmd ⌘` + `S`	Sichern unter
`cmd ⌘` + `P`	Drucken
`cmd ⌘` + `I`	Diese Seite mailen

Bearbeiten

`cmd ⌘` + `Z`	Widerrufen
`⇧` + `cmd ⌘` + `Z`	Wiederholen
`cmd ⌘` + `X`	Ausschneiden
`cmd ⌘` + `C`	Kopieren
`cmd ⌘` + `V`	Einsetzen
`alt ⌥` + `⇧` + `cmd ⌘` + `V`	Einsetzen und Stil anpassen
`cmd ⌘` + `A`	Alles auswählen
`⇧` + `cmd ⌘` + `A`	Formular automatisch ausfüllen
`alt ⌥` + `cmd ⌘` + `F`	Suchen mit Google-Suche
`cmd ⌘` + `F`	Suchen
`cmd ⌘` + `G`	Weitersuchen (vorwärts)
`⇧` + `cmd ⌘` + `G`	Weitersuchen (rückwärts)
`⇧` + `cmd ⌘` + `F`	Suchbanner ausblenden
`cmd ⌘` + `E`	Auswahl suchen
`cmd ⌘` + `J`	Gesuchte Auswahl anzeigen
`cmd ⌘` + `:`	Rechtschreibung und Grammatik einblenden
`cmd ⌘` + `;`	Dokument jetzt auf Rechtschreibung und Grammatik prüfen

Darstellung

Tastenkombination	Funktion
⇧ + cmd ⌘ + B	Favoritenleiste ein-/ausblenden
⇧ + cmd ⌘ + T	Tableiste ein-/ausblenden
⇧ + cmd ⌘ + Ü	Statusleiste ein-/ausblenden
⇧ + cmd ⌘ + L	Seitenleiste ein-/ausblenden
ctrl + cmd ⌘ + 1	Seitenleiste für Lesezeichen ein-/ausblenden
ctrl + cmd ⌘ + 2	Seitenleiste für Leseliste ein-/ausblenden
ctrl + cmd ⌘ + 3	Seitenleiste für gesendete Links ein-/ausblenden
⇧ + cmd ⌘ + R	Reader ein-/ausblenden
⇧ + cmd ⌘ + 7	Alle Tabs ein-/ausblenden
alt ⌥ + cmd ⌘ + L	Downloads anzeigen
cmd ⌘ + .	Stoppen
cmd ⌘ + R	Seite neu laden
cmd ⌘ + 0	Originalgröße
cmd ⌘ + +	Vergrößern
cmd ⌘ + –	Verkleinern
ctrl + cmd ⌘ + F	Vollbildmodus ein/aus

Verlauf

Tastenkombination	Funktion
cmd ⌘ + Y	Verlauf einblenden
cmd ⌘ + Ö	Zurück
cmd ⌘ + Ä	Vorwärts
⇧ + cmd ⌘ + H	Startseite
alt ⌥ + cmd ⌘ + S	SnapBack zur Suchergebnis-Seite

Lesezeichen

`alt ⌥` + `cmd ⌘` + `B`	Lesezeichen bearbeiten
`cmd ⌘` + `D`	Lesezeichen hinzufügen
`⇧` + `cmd ⌘` + `D`	Zur Leseliste hinzufügen
`alt ⌥` + `cmd ⌘` + `↑`	Vorheriges Objekt in Leseliste auswählen
`alt ⌥` + `cmd ⌘` + `↓`	Nächstes Objekt in Leseliste auswählen
`⇧` + `cmd ⌘` + `1` bis `9`	Favoriten 1 bis 9

Fenster

`cmd ⌘` + `M`	Im Dock ablegen
`ctrl` + `⇧` + `→|`	Vorherigen Tab anzeigen
`ctrl` + `→|`	Nächsten Tab anzeigen

Mediencenter

Wer mit Musik, Büchern und Apps hantiert, kommt um iTunes nicht herum. Und iTunes ist weit mehr als nur der Mittler zwischen Mac OS X und iOS-Geräten. Insbesondere im Zusammenspiel mit iPhone, iPad und iPod führt kein Weg an iTunes vorbei.

iTunes

Ohne Wenn und Aber: iTunes ist die perfekte Medien-zentrale. Die Software ist gratis auf jedem Mac vor-installiert und hat sich nicht zuletzt aufgrund des Funk-tionsumfangs zum Quasi-Standard gemausert.

Grundfunktionen	
`cmd ⌘` + `,`	Einstellungen
`cmd ⌘` + `H`	iTunes ausblenden
`alt ⌥` + `cmd ⌘` + `H`	Andere ausblenden
`cmd ⌘` + `Q`	iTunes beenden

Ablage	
`cmd ⌘` + `N`	Neue Wiedergabeliste
`⇧` + `cmd ⌘` + `N`	Neue Wiedergabeliste aus Auswahl
`alt ⌥` + `cmd ⌘` + `N`	Intelligente Wiedergabeliste
`cmd ⌘` + `W`	Fenster schließen
`cmd ⌘` + `O`	Zur Mediathek hinzufügen
`cmd ⌘` + `U`	Stream öffnen
`cmd ⌘` + `I`	Information für den ausgewählten Musiktitel bzw. die CD

⇧ + cmd ⌘ + R	Im Finder anzeigen
cmd ⌘ + P	Drucken
alt ⌥ + Leertaste	Zufällige Wiedergabeliste mit Genius erstellen

Bearbeiten

cmd ⌘ + Z	Widerrufen
⇧ + cmd ⌘ + Z	Wiederholen
cmd ⌘ + X	Ausschneiden
cmd ⌘ + C	Kopieren
cmd ⌘ + V	Einsetzen
←	Löschen
cmd ⌘ + A	Alle auswählen
⇧ + cmd ⌘ + A	Auswahl aufheben

Darstellung

cmd ⌘ + 1	Musik
cmd ⌘ + 2	Filme
cmd ⌘ + 3	TV-Sendungen
cmd ⌘ + 4 bis cmd ⌘ + 9	Mehr/Podcast bis Radio
cmd ⌘ + J	Darstellungsoptionen
alt ⌥ + cmd ⌘ + U	Nächsten Titel ein-/ausblenden
cmd ⌘ + ß	Statusleiste ein-/ausblenden
cmd ⌘ + T	Visuelle Effekte ein-/ausblenden
ctrl + cmd ⌘ + F	Vollbildmodus ein/aus

Steuerung

`Leertaste`	Wiedergabe starten/Pause
`cmd ⌘` + `.`	Stopp
`cmd ⌘` + `→`	Weiter
`cmd ⌘` + `←`	Zurück
`cmd ⌘` + `L`	Zum aktuellen Titel
`⇧` + `cmd ⌘` + `→`	Nächstes Kapitel (bei Hörbüchern)
`⇧` + `cmd ⌘` + `←`	Vorheriges Kapitel (bei Hörbüchern)
`cmd ⌘` + `↑`	Lautstärke erhöhen
`cmd ⌘` + `↓`	Lautstärke verringern
`⇧` + `cmd ⌘` + `H`	Startseite
`cmd ⌘` + `R`	Seite neu laden
`cmd ⌘` + `E`	Medium auswerfen

Fenster

`cmd ⌘` + `M`	Im Dock ablegen
`cmd ⌘` + `0`	iTunes
`alt ⌥` + `cmd ⌘` + `E`	Equalizer
`alt ⌥` + `cmd ⌘` + `M`	MiniPlayer
`⇧` + `cmd ⌘` + `M`	Zum MiniPlayer wechseln

iBooks

iBooks ist die App zum Laden und Lesen von Büchern und PDF-Dokumenten. Zudem kann iBooks auch Bücher und Dokumente im EPUB-Format synchronisieren und darstellen.

Grundfunktionen

`cmd ⌘`+`,`	Einstellungen
`cmd ⌘`+`H`	iBooks ausblenden
`alt ⌥`+`cmd ⌘`+`H`	Andere ausblenden
`cmd ⌘`+`Q`	iBooks beenden

Ablage

`cmd ⌘`+`O`	Buch öffnen
`cmd ⌘`+`W`	Schließen
`cmd ⌘`+`N`	Neue Sammlung
`⇧`+`cmd ⌘`+`O`	Zur Bibliothek hinzufügen

Bearbeiten

`cmd ⌘`+`Z`	Widerrufen
`⇧`+`cmd ⌘`+`Z`	Wiederholen
`cmd ⌘`+`X`	Ausschneiden
`cmd ⌘`+`C`	Kopieren
`cmd ⌘`+`V`	Einsetzen
`cmd ⌘`+`A`	Alle auswählen
`cmd ⌘`+`D`	Lesezeichen

Darstellung

`cmd ⌘`+`T`	Inhaltsverzeichnis
`⇧`+`cmd ⌘`+`T`	Miniaturen

`cmd ⌘`+`3`	Randnotizen einblenden
`cmd ⌘`+`4`	Notizen einblenden
`cmd ⌘`+`5`	Lernkarten anzeigen
`cmd ⌘`+`6`	Glossar einblenden
`cmd ⌘`+`1`	Einzelseiten
`cmd ⌘`+`2`	Doppelseiten
`cmd ⌘`+`0`	Originalgröße
`cmd ⌘`+`+`	Vergrößern
`cmd ⌘`+`−`	Verkleinern
`ctrl`+`cmd ⌘`+`F`	Vollbild ein/aus

Gehe zu

`⇧`+`cmd ⌘`+`→`	Nächstes Kapitel
`⇧`+`cmd ⌘`+`←`	Vorheriges Kapitel
`cmd ⌘`+`O`	Zurück
`cmd ⌘`+`Ä`	Vorwärts

Store

`⇧`+`cmd ⌘`+`H`	Store-Startseite
`cmd ⌘`+`R`	Neu laden

Fenster

`cmd ⌘`+`M`	Im Dock ablegen
`cmd ⌘`+`L`	Bibliothek

iBooks Author

iBooks Author ist die ideale Software für die komfortable Erstellung multimedialer E-Books in Apples iBooks-Format oder als PDF-Dokument. iBooks Author ist nicht vorinstalliert, steht aber im Mac App Store kostenlos zum Download bereit.

Grundfunktionen

Tastenkombination	Funktion
cmd ⌘ + ,	Einstellungen
cmd ⌘ + H	iBooks Author ausblenden
alt ⌥ + cmd ⌘ + H	Andere ausblenden
cmd ⌘ + Q	iBooks Author beenden

Ablage

Tastenkombination	Funktion
cmd ⌘ + N	Neu
⇧ + cmd ⌘ + N	Neu aus einer Vorlage
cmd ⌘ + O	Öffnen
cmd ⌘ + W	Schließen
cmd ⌘ + S	Sichern
⇧ + cmd ⌘ + S	Duplizieren
⇧ + cmd ⌘ + P	Veröffentlichen
alt ⌥ + cmd ⌘ + P	Vorschau
cmd ⌘ + P	Drucken

Bearbeiten

Tastenkombination	Funktion
cmd ⌘ + Z	Widerrufen
⇧ + cmd ⌘ + Z	Wiederholen

`cmd ⌘`+`X`	Ausschneiden
`cmd ⌘`+`C`	Kopieren
`cmd ⌘`+`V`	Einsetzen
`alt ⌥`+`⇧`+`cmd ⌘`+`V`	Einsetzen und Stil anpassen
`cmd ⌘`+`D`	Duplizieren
`cmd ⌘`+`A`	Alles auswählen
`⇧`+`cmd ⌘`+`A`	Auswahl aufheben
`cmd ⌘`+`F`	Suchen
`cmd ⌘`+`G`	Weitersuchen (vorwärts)
`⇧`+`cmd ⌘`+`G`	Weitersuchen (rückwärts)
`cmd ⌘`+`E`	Auswahl suchen
`cmd ⌘`+`J`	Gesuchte Auswahl anzeigen
`cmd ⌘`+`:`	Rechtschreibung und Grammatik einblenden
`cmd ⌘`+`;`	Rechtschreibprüfung durchführen
`ctrl`+`cmd ⌘`+`Leertaste`	Sonderzeichen

Einfügen

`alt ⌥`+`cmd ⌘`+`E`	Gleichung
`⇧`+`cmd ⌘`+`V`	Auswählen
`alt ⌥`+`⇧`+`cmd ⌘`+`P`	Form zeichnen

Format

`cmd ⌘`+`T`	Schriften einblenden
`cmd ⌘`+`B`	Schrift fett
`cmd ⌘`+`I`	Schrift kursiv

cmd ⌘ + U	Schrift unterstreichen
cmd ⌘ + +	Schrift größer
cmd ⌘ + –	Schrift kleiner
ctrl + cmd ⌘ + +	Hochgestellt
ctrl + cmd ⌘ + –	Tiefgestellt
cmd ⌘ + Ö	Text linksbündig
cmd ⌘ + Ü	Text zentriert
cmd ⌘ + Ä	Text rechtsbündig
⇧ + cmd ⌘ + Ü	Text in Blocksatz
⇧ + cmd ⌘ + Ö	Einzug-Ebene einer Liste verringern
⇧ + cmd ⌘ + Ä	Einzug-Ebene einer Liste erhöhen
⇧ + cmd ⌘ + D	Dateneditor einblenden
⇧ + cmd ⌘ + M	Bild maskieren
alt ⌥ + ⇧ + cmd ⌘ + C	Zeichenstil kopieren
alt ⌥ + cmd ⌘ + C	Absatzstil kopieren/Grafikstil kopieren
alt ⌥ + cmd ⌘ + V	Stil einsetzen
cmd ⌘ + Y	Glossarbegriff aus Auswahl erstellen
ctrl + alt ⌥ + cmd ⌘ + T	Als Platzhalter festlegen
ctrl + alt ⌥ + cmd ⌘ + I	Als Medienplatzhalter definieren

Anordnen

alt ⌥ + ⇧ + cmd ⌘ + F	Schrittweise vorwärts
⇧ + cmd ⌘ + F	Ganz nach vorne
alt ⌥ + ⇧ + cmd ⌘ + B	Schrittweise rückwärts

⇧ + cmd ⌘ + B	Ganz nach hinten
cmd ⌘ + L	Schützen
alt ⌥ + cmd ⌘ + L	Schutz aufheben
alt ⌥ + cmd ⌘ + G	Gruppieren
alt ⌥ + ⇧ + cmd ⌘ + G	Gruppierung aufheben

Darstellung

⇧ + cmd ⌘ + T	Stile ein-/ausblenden
cmd ⌘ + R	Lineale ein-/ausblenden
⇧ + cmd ⌘ + R	Formatierungsleiste ein-/ausblenden
⇧ + cmd ⌘ + E	Glossarsymbolleiste ein-/ausblenden
alt ⌥ + cmd ⌘ + R	Ausrichtung ändern
⇧ + cmd ⌘ + L	Layoutgrenzen ein-/ausblenden
⇧ + cmd ⌘ + I	Steuerzeichen ein-/ausblenden
alt ⌥ + cmd ⌘ + +	Zoomen (vergrößern)
alt ⌥ + cmd ⌘ + –	Zoomen (verkleinern)
alt ⌥ + cmd ⌘ + I	Informationen ein-/ausblenden
⇧ + cmd ⌘ + C	Farben ein-/ausblenden
ctrl + cmd ⌘ + F	Vollbild ein/aus
alt ⌥ + cmd ⌘ + T	Symbolleiste ein-/ausblenden

Fenster

cmd ⌘ + M	Im Dock ablegen

iMovie

iMovie ist eine Videoschnittsoftware, mit der man schnell und sogar äußerst exakt kleinere Videoclips bearbeiten und schneiden kann.

Grundfunktionen

cmd ⌘ + ,	Einstellungen
alt ⌥ + cmd ⌘ + H	Andere ausblenden
cmd ⌘ + Q	iMovie beenden

Ablage

cmd ⌘ + N	Neuer Film
⇧ + cmd ⌘ + N	Neuer Trailer
alt ⌥ + N	Neues Ereignis
cmd ⌘ + I	Medien importieren
cmd ⌘ + E	Film bereitstellen
⇧ + F	Im Ereignis zeigen
⇧ + cmd ⌘ + R	Im Finder zeigen
cmd ⌘ + ←	In Papierkorb

Bearbeiten

cmd ⌘ + Z	Clips zum Ereignis hinzufügen widerrufen
⇧ + cmd ⌘ + Z	Wiederholen
cmd ⌘ + X	Ausschneiden
cmd ⌘ + C	Kopieren
cmd ⌘ + V	Einsetzen

`alt ⌥` + `cmd ⌘` + `V`	Anpassungen einsetzen/Alle
`alt ⌥` + `cmd ⌘` + `C`	Anpassungen/Farbkorrektur
`alt ⌥` + `cmd ⌘` + `R`	Anpassungen/Beschneiden
`alt ⌥` + `cmd ⌘` + `Z`	Anpassungen/Stabilisierung
`alt ⌥` + `cmd ⌘` + `T`	Anpassungen/Rolling Shutter
`alt ⌥` + `cmd ⌘` + `A`	Anpassungen/Lautstärke
`alt ⌥` + `cmd ⌘` + `L`	Anpassungen/Videoeffekt
`alt ⌥` + `cmd ⌘` + `O`	Anpassungen/Audioeffekt
`alt ⌥` + `cmd ⌘` + `S`	Anpassungen/Geschwindigkeit
`alt ⌥` + `cmd ⌘` + `U`	Anpassungen/Einstellungen für Überlagerungen
`alt ⌥` + `cmd ⌘` + `M`	Anpassungen/Kartenstil
`←`	Löschen
`alt ⌥` + `⇧` + `←`	Keyframes löschen
`cmd ⌘` + `D`	Duplizieren
`cmd ⌘` + `A`	Alle auswählen
`X`	Gesamten Clip auswählen
`⇧` + `cmd ⌘` + `A`	Auswahl aufheben
`E`	Zum Film hinzufügen
`Q`	Verbinden
`W`	Einfügen
`cmd ⌘` + `T`	Überblenden hinzufügen
`cmd ⌘` + `F`	Suchen

Markieren

`F`	Favorit

`←`	Löschen
`U`	Keine Wertung
`M`	Neuer Marker
`ctrl` + `⇧` + `M`	Marker löschen

Ändern

`⇧` + `cmd ⌘` + `E`	Erweitern
`alt ⌥` + `F`	Standbild hinzufügen
`⇧` + `cmd ⌘` + `M`	Clip stummschalten
`alt ⌥` + `Ü`	Auf Auswahl trimmen
`,`	Clip-Ende trimmen/Nach links schieben
`.`	Clip-Ende trimmen/Nach rechts schieben
`⇧` + `,`	Clip-Ende trimmen/Weit nach links schieben
`⇧` + `.`	Clip-Ende trimmen/Weit nach rechts schieben
`cmd ⌘` + `B`	Clip teilen
`⇧` + `cmd ⌘` + `B`	Clips einbinden
`alt ⌥` + `cmd ⌘` + `B`	Audio trennen
`alt ⌥` + `⇧` + `R`	Geschwindigkeit zurücksetzen

Darstellung

`Leertaste`	Wiedergeben
`Ü`	Auswahl wiedergeben
`#`	Wiedergabe ab Anfang
`⇧` + `cmd ⌘` + `F`	Auf gesamtem Bildschirm wiedergeben
`cmd ⌘` + `L`	Endlosschleife

`ctrl` + `Y`	Skimmer-Informationen einblenden
`cmd ⌘` + `+`	Vergrößern
`cmd ⌘` + `–`	Verkleinern
`⇧` + `Z`	Alle Clips zoomen
`N`	Einrasten
`⇧` + `S`	Audiomaterial überfliegen

Fenster

`cmd ⌘` + `M`	Im Dock ablegen
`F5`	Zoomen
`1`	Zur Mediathek
`2`	Zum Theater
`3`	Anpassungsleiste ein-/ausblenden
`⇧` + `cmd ⌘` + `1`	Mediatheken ein-/ausblenden
`cmd ⌘` + `1`	Inhaltsmediathek/Übergänge
`cmd ⌘` + `2`	Inhaltsmediathek/Titel
`cmd ⌘` + `3`	Inhaltsmediathek/Karten & Hintergründe
`cmd ⌘` + `4`	Inhaltsmediathek/iTunes
`cmd ⌘` + `5`	Inhaltsmediathek/Toneffekte
`cmd ⌘` + `6`	Inhaltsmediathek/GarageBand
`cmd ⌘` + `R`	Clip-Trimmer
`cmd ⌘` + `Ü`	Präzisionseditor
`V`	VoiceOver aufnehmen
`cmd ⌘` + `J`	Filmeigenschaften
`ctrl` + `cmd ⌘` + `F`	Vollbild ein/aus

GarageBand

Achtung, hoher Suchtfaktor! Auf spielerische Art wird sogar
aus einem musikalischen Laien ein digitaler Komponist.

Grundfunktionen

`cmd ⌘` + `,`	Einstellungen
`cmd ⌘` + `H`	GarageBand ausblenden
`alt ⌥` + `cmd ⌘` + `H`	Andere ausblenden
`cmd ⌘` + `Q`	GarageBand beenden

Ablage

`cmd ⌘` + `N`	Neu
`cmd ⌘` + `O`	Öffnen
`cmd ⌘` + `W`	Schließen
`cmd ⌘` + `S`	Sichern
`⇧` + `cmd ⌘` + `S`	Sichern unter
`cmd ⌘` + `P`	Drucken
`alt ⌥` + `cmd ⌘` + `O`	Film öffnen
`ctrl` + `⇧` + `O`	Region to Apple Loops Library

Bearbeiten

`cmd ⌘` + `Z`	Widerrufen
`⇧` + `cmd ⌘` + `Z`	Wiederholen
`cmd ⌘` + `X`	Ausschneiden
`cmd ⌘` + `C`	Kopieren
`cmd ⌘` + `V`	Einsetzen
`cmd ⌘` + `A`	Alle auswählen

Spur

`alt ⌥` + `cmd ⌘` + `N`	Neue Spuren
`cmd ⌘` + `D`	Neue Spur (Einstellung duplizieren)
`⇧` + `⏎`	Spur umbenennen
`cmd ⌘` + `←`	Spur löschen
`⇧` + `cmd ⌘` + `A`	Arrangementspur einblenden
`⇧` + `cmd ⌘` + `O`	Filmspur einblenden
`⇧` + `cmd ⌘` + `X`	Transpositionsspur einblenden
`⇧` + `cmd ⌘` + `T`	Tempospur einblenden
`⇧` + `cmd ⌘` + `M`	Masterspur einblenden

Mix

`A`	Automation einblenden
`ctrl` + `⇧` + `cmd ⌘` + `←`	Alle Automationsdaten der ausgewählten Spur löschen

Ansicht

`B`	Smart Controls einblenden
`E`	Editor einblenden
`alt ⌥` + `cmd ⌘` + `P`	Notiz einblenden
`F`	Medienübersicht einblenden

Fenster

`cmd ⌘` + `M`	Im Dock ablegen
`ctrl` + `⇧` + `cmd ⌘` + `M`	Alle zoomen
`cmd ⌘` + `K`	Musiktastatur einblenden

DVD Player

Sobald eine DVD im Laufwerk liegt, meldet sich automatisch der DVD Player und macht den Mac zum vollwertigen DVD-Abspielgerät.

Grundfunktionen

cmd ⌘ + ,	Einstellungen
cmd ⌘ + H	DVD Player ausblenden
alt ⌥ + cmd ⌘ + H	Andere ausblenden
cmd ⌘ + Q	DVD Player beenden

Ablage

cmd ⌘ + O	DVD-Medien öffnen
⇧ + cmd ⌘ + W	Mediendatei schließen
cmd ⌘ + I	DVD-Informationen

Bearbeiten

cmd ⌘ + Z	Widerrufen
⇧ + cmd ⌘ + Z	Wiederholen
cmd ⌘ + X	Ausschneiden
cmd ⌘ + C	Kopieren
cmd ⌘ + V	Einsetzen
cmd ⌘ + A	Alles auswählen

Steuerung

`Leertaste`	Wiedergabe
`cmd ⌘` + `.`	Stopp
`alt ⌥` + `⇧` + `→`	Zeitlupe
`⇧` + `cmd ⌘` + `→`	Schneller Vorlauf
`⇧` + `cmd ⌘` + `←`	Schneller Rücklauf
`cmd ⌘` + `↑`	Lauter
`cmd ⌘` + `↓`	Leiser
`alt ⌥` + `cmd ⌘` + `↓`	Ton aus
`cmd ⌘` + `T`	Timer setzen
`alt ⌥` + `cmd ⌘` + `.`	Timer abbrechen
`cmd ⌘` + `#`	Neues Lesezeichen
`cmd ⌘` + `Ä`	Steuerungsfach schließen
`cmd ⌘` + `E`	DVD auswerfen

Funktionen

`alt ⌥` + `cmd ⌘` + `T`	Erweiterte Untertitel einschalten

Gehe zu

`cmd ⌘` + `D`	DVD-Menü
`⇧` + `cmd ⌘` + `D`	Anfang der DVD
`←`	Vorheriges Kapitel
`→`	Nächstes Kapitel
`alt ⌥` + `cmd ⌘` + `←`	5 Sekunden zurückspringen
`alt ⌥` + `cmd ⌘` + `→`	5 Sekunden vorspringen

Darstellung

cmd ⌘ + 0	Halbe Größe
cmd ⌘ + 1	Originalgröße
cmd ⌘ + 2	Doppelte Größe
cmd ⌘ + 3	An Bildschirm anpassen
ctrl + cmd ⌘ + F	Vollbild ein/aus

Fenster

cmd ⌘ + W	DVD Player schließen
cmd ⌘ + M	Im Dock ablegen
alt ⌥ + cmd ⌘ + C	Steuerung ausblenden
cmd ⌘ + B	Kapitel
cmd ⌘ + K	Videozoom

QuickTime Player

Der QuickTime Player spielt zahlreiche Video-, Audio- und Bildformate ab. Nicht nur lokal, sondern auch Formate aus dem Web.

Grundfunktionen

cmd ⌘ + H	QuickTime Player ausblenden
alt ⌥ + cmd ⌘ + H	Andere ausblenden
cmd ⌘ + Q	QuickTime Player beenden

Ablage

alt ⌥ + cmd ⌘ + N	Neue Videoaufnahme

`ctrl` + `alt ⌥` + `cmd ⌘` + `N`	Neue Audioaufnahme
`ctrl` + `cmd ⌘` + `N`	Neue Bildschirmaufnahme
`cmd ⌘` + `O`	Datei öffnen
`cmd ⌘` + `L`	Adresse öffnen
`cmd ⌘` + `W`	Schließen
`cmd ⌘` + `S`	Sichern
`⇧` + `cmd ⌘` + `S`	Duplizieren

Bearbeiten

`cmd ⌘` + `Z`	Widerrufen
`⇧` + `cmd ⌘` + `Z`	Wiederholen
`cmd ⌘` + `X`	Ausschneiden
`cmd ⌘` + `C`	Kopieren
`cmd ⌘` + `V`	Einsetzen
`cmd ⌘` + `A`	Alles auswählen
`⇧` + `cmd ⌘` + `L`	Nach links drehen
`⇧` + `cmd ⌘` + `R`	Nach rechts drehen
`⇧` + `cmd ⌘` + `H`	Horizontal spiegeln
`⇧` + `cmd ⌘` + `V`	Vertikal spiegeln
`cmd ⌘` + `Y`	Clip teilen
`cmd ⌘` + `T`	Trimmen

Darstellung

`ctrl` + `cmd ⌘` + `F`	Vollbildmodus ein
`cmd ⌘` + `1`	Originalgröße
`cmd ⌘` + `3`	An Bildschirm anpassen

`cmd` `⌘` + `4`	Bildschirmfüllend
`cmd` `⌘` + `5`	Panorama
`cmd` `⌘` + `+`	Vergrößern
`cmd` `⌘` + `–`	Verkleinern
`⇧` + `cmd` `⌘` + `→`	Nächstes Kapitel
`⇧` + `cmd` `⌘` + `←`	Vorheriges Kapitel
`cmd` `⌘` + `E`	Clips einblenden
`cmd` `⌘` + `U`	Audiospur einblenden
`ctrl` + `cmd` `⌘` + `L`	Endlosschleife

Fenster

`cmd` `⌘` + `M`	Im Dock ablegen
`cmd` `⌘` + `I`	Filminformationen einblenden
`alt` `⌥` + `cmd` `⌘` + `P`	Exportstatus einblenden

Vorschau

Vorschau kann mehr als nur PDF-Dokumente und Bilder öffnen. So kann man einfache Bildbearbeitungen durchführen, mehrere PDF-Dateien zu einem Dokument zusammenfügen und noch einiges mehr.

Grundfunktionen

`cmd` `⌘` + `,`	Einstellungen
`cmd` `⌘` + `H`	Vorschau ausblenden
`⇧` + `cmd` `⌘` + `H`	Andere ausblenden
`cmd` `⌘` + `Q`	Vorschau beenden

Ablage

`cmd ⌘`+`N`	Neu aus der Zwischenablage
`cmd ⌘`+`O`	Öffnen
`cmd ⌘`+`W`	Fenster schließen
`⇧`+`cmd ⌘`+`W`	Ausgewähltes PDF-Dokument schließen
`cmd ⌘`+`S`	Sichern
`⇧`+`cmd ⌘`+`S`	Duplizieren
`cmd ⌘`+`P`	Drucken

Bearbeiten

`cmd ⌘`+`Z`	Widerrufen
`⇧`+`cmd ⌘`+`Z`	Wiederholen
`cmd ⌘`+`X`	Ausschneiden
`cmd ⌘`+`C`	Kopieren
`cmd ⌘`+`V`	Einsetzen
`cmd ⌘`+`A`	Alles auswählen
`⇧`+`cmd ⌘`+`I`	Auswahl umkehren
`cmd ⌘`+`←`	In den Papierkorb
`cmd ⌘`+`F`	Suchen
`cmd ⌘`+`G`	Weitersuchen (vorwärts)
`⇧`+`cmd ⌘`+`G`	Weitersuchen (rückwärts)
`cmd ⌘`+`E`	Auswahl suchen
`cmd ⌘`+`J`	Auswahl anzeigen

Darstellung

`alt ⌥`+`cmd ⌘`+`1`	Seitenleiste ein-/ausblenden

`alt ⌥` + `cmd ⌘` + `2`	Miniaturen
`alt ⌥` + `cmd ⌘` + `3`	Inhaltsverzeichnis
`alt ⌥` + `cmd ⌘` + `4`	Hervorhebungen und Notizen
`alt ⌥` + `cmd ⌘` + `5`	Lesezeichen
`alt ⌥` + `cmd ⌘` + `6`	Kontaktbogen
`cmd ⌘` + `1`	Kontinuierlich scrollen
`cmd ⌘` + `2`	Einzelseiten
`cmd ⌘` + `3`	Doppelseiten
`alt ⌥` + `cmd ⌘` + `B`	Bildhintergrund anzeigen
`cmd ⌘` + `0`	Originalgröße
`cmd ⌘` + `9`	Größe an Fenster anpassen
`cmd ⌘` + `+`	Vergrößern
`cmd ⌘` + `–`	Verkleinern
`cmd ⌘` + `*`	Auswahl zoomen
`alt ⌥` + `cmd ⌘` + `←`	Seitenleiste/Alle reduzieren
`alt ⌥` + `cmd ⌘` + `→`	Seitenleiste/Alle erweitern
`⇧` + `cmd ⌘` + `A`	Werkzeugleiste ein-/ausblenden
`alt ⌥` + `cmd ⌘` + `T`	Symbolleiste ein-/ausblenden
`⇧` + `cmd ⌘` + `F`	Diashow
`ctrl` + `cmd ⌘` + `F`	Vollbild ein/aus

Gehe zu

`alt ⌥` + `↑`	Vorheriges Objekt
`alt ⌥` + `↓`	Nächstes Objekt
`alt ⌥` + `cmd ⌘` + `G`	Gehe zu Seite

`cmd` `⌘` + `Ö`	Zurück
`cmd` `⌘` + `Ä`	Vorwärts

Werkzeuge

`cmd` `⌘` + `I`	Informationen einblenden
`cmd` `⌘` + `T`	Schriften einblenden
`<`	Lupe einblenden
`alt` `⌥` + `cmd` `⌘` + `C`	Farbkorrektur
`ctrl` + `cmd` `⌘` + `H`	Anmerken/Text hervorheben
`ctrl` + `cmd` `⌘` + `U`	Anmerken/Text unterstreichen
`ctrl` + `cmd` `⌘` + `S`	Anmerken/Text durchstreichen
`ctrl` + `cmd` `⌘` + `R`	Anmerken/Rechteck
`ctrl` + `cmd` `⌘` + `O`	Anmerken/Oval
`ctrl` + `cmd` `⌘` + `I`	Anmerken/Linie
`ctrl` + `cmd` `⌘` + `A`	Anmerken/Pfeil
`ctrl` + `cmd` `⌘` + `T`	Anmerken/Text
`ctrl` + `cmd` `⌘` + `L`	Anmerken/Lupe
`ctrl` + `cmd` `⌘` + `N`	Anmerken/Notiz
`cmd` `⌘` + `D`	Lesezeichen hinzufügen
`cmd` `⌘` + `L`	Links drehen
`cmd` `⌘` + `R`	Rechts drehen
`cmd` `⌘` + `K`	Beschneiden

Fenster

`cmd` `⌘` + `M`	Im Dock ablegen

Fotoworkflow

Hier finden Sie alle wichtigen Tastenkürzel, die Sie für Ihren Fotoworkflow auf einem Mac brauchen. Als besondere Zugabe finden Sie auch alle Tastenkürzel für Affinity Photo, eine tolle App für Bildbearbeitung und RAW-Konvertierung.

Digitale Bilder

Diese App überträgt Fotos von einer Digitalkamera oder einem Scanner auf den angeschlossenen Mac.

Grundfunktionen	
cmd ⌘ + H	Digitale Bilder ausblenden
alt ⌥ + cmd ⌘ + H	Andere ausblenden
cmd ⌘ + Q	Digitale Bilder beenden

Ablage	
cmd ⌘ + W	Schließen

Bearbeiten	
cmd ⌘ + Z	Widerrufen
⇧ + cmd ⌘ + Z	Wiederholen
cmd ⌘ + X	Ausschneiden
cmd ⌘ + C	Kopieren
cmd ⌘ + V	Einsetzen
cmd ⌘ + A	Alles auswählen

Fenster

`cmd ⌘` + `M`	Im Dock ablegen
`alt ⌥` + `cmd ⌘` + `L`	Scan-Ergebnisse

Photo Booth

Photo Booth nutzt die in iMac und MacBook integrierte Kamera und schießt nette Selfies, die man als Profilbilder bei Facebook und Co. nutzen kann.

Grundfunktionen

`cmd ⌘` + `H`	Photo Booth ausblenden
`alt ⌥` + `cmd ⌘` + `H`	Andere ausblenden
`cmd ⌘` + `Q`	Photo Booth beenden

Ablage

`cmd ⌘` + `⏎`	Foto aufnehmen
`cmd ⌘` + `P`	Drucken

Bearbeiten

`cmd ⌘` + `Z`	Widerrufen
`⇧` + `cmd ⌘` + `Z`	Wiederholen
`cmd ⌘` + `X`	Ausschneiden
`cmd ⌘` + `C`	Kopieren
`cmd ⌘` + `V`	Einsetzen
`cmd ⌘` + `←`	Löschen

`cmd ⌘` + `A`	Alles auswählen
`cmd ⌘` + `T`	Film trimmen
`cmd ⌘` + `F`	Foto spiegeln
`⇧` + `cmd ⌘` + `F`	Neue Objekte automatisch spiegeln

Darstellung

`cmd ⌘` + `1`	Foto einblenden
`cmd ⌘` + `2`	Effekte einblenden
`cmd ⌘` + `3`	Letzten Effekt anzeigen
`cmd ⌘` + `→`	Nächste Seite mit Effekten
`cmd ⌘` + `←`	Vorherige Seite mit Effekten
`⇧` + `cmd ⌘` + `R`	Effekt zurücksetzen
`ctrl` + `cmd ⌘` + `F`	Vollbild ein/aus

Fenster

`cmd ⌘` + `W`	Schließen
`cmd ⌘` + `M`	Im Dock ablegen

Fotos

Seit OS X 10.10 ist die Fotos-App fester Bestandteil des Betriebssystems und löst damit iPhoto im Dock ab. Aber nicht nur das, auch die Weiterentwicklung von Apple Aperture, dem von vielen Fotografen geschätzten RAW-Konverter, wurde mit Version 3.6 eingestellt. Aperture ist seit dem Frühjahr 2015 nicht mehr als App im App Store  verfügbar. Jeder Nutzer, der Aperture im App Store gekauft hat, kann die App dennoch weiter herunterladen und auch unter OS X El Capitan nutzen.

Die App *Fotos* ist sehr schnell und zeigt ihre Stärken in der Verwaltung großer Bildbestände. RAW-Dateien lassen sich ebenfalls bearbeiten und entwickeln. Zudem hat Apple mit dem neuen OS X El Capitan die Fotos-App für Erweiterungen, sprich Plug-ins, anderer Entwickler freigegeben. Einer der ersten ist die kalifornische Softwareschmiede Macphun, die mit den Plug-ins aus dem brandneuen Creative Kit 2016 die Fotos-App auf ein neues Level in Sachen Bildbearbeitung gehoben hat.

Grundfunktionen

cmd ⌘ + ,	Einstellungen
cmd ⌘ + H	Fotos ausblenden
alt ⌥ + cmd ⌘ + H	Andere ausblenden
cmd ⌘ + Q	Fotos beenden

Ablage

cmd ⌘ + N	Neues Album
alt ⌥ + cmd ⌘ + N	Neues intelligentes Album
⇧ + cmd ⌘ + N	Neuer Ordner
⇧ + cmd ⌘ + I	Importieren
⇧ + cmd ⌘ + E	Exportieren
cmd ⌘ + W	Schließen
cmd ⌘ + P	Drucken

Bearbeiten

cmd ⌘ + Z	Widerrufen
⇧ + cmd ⌘ + Z	Wiederholen
cmd ⌘ + X	Ausschneiden
cmd ⌘ + C	Kopieren

`cmd ⌘` + `V`	Einsetzen
`alt ⌥` + `⇧` + `cmd ⌘` + `V`	Einsetzen und Stil anpassen
`cmd ⌘` + `A`	Alle Fotos auswählen
`⇧` + `cmd ⌘` + `A`	Auswahl wieder aufheben
`cmd ⌘` + `F`	Suchen nach einem Schlagwort
`cmd ⌘` + `T`	Schriften einblenden
`cmd ⌘` + `B`	Schrift fett
`cmd ⌘` + `U`	Schrift unterstrichen
`⇧` + `cmd ⌘` + `=`	Schrift größer
`⇧` + `cmd ⌘` + `-`	Schrift kleiner
`alt ⌥` + `cmd ⌘` + `C`	Stil kopieren
`alt ⌥` + `cmd ⌘` + `V`	Stil einsetzen
`cmd ⌘` + `:`	Rechtschreibung und Grammatik einblenden
`cmd ⌘` + `;`	Dokument auf Rechtschreibfehler prüfen

Bild

`alt ⌥` + `cmd ⌘` + `R`	Im Uhrzeigersinn drehen
`cmd ⌘` + `R`	Gegen den Uhrzeigersinn drehen
`⇧` + `cmd ⌘` + `C`	Anpassungen kopieren
`⇧` + `cmd ⌘` + `V`	Anpassungen einsetzen
`↵`	Werkzeuge einblenden
`.`	Markiertes Foto als Favorit sichern
`←`	Bild löschen

Darstellung

cmd ⌘ + 1	Fotos im Viewer anzeigen
cmd ⌘ + 2	iCloud-Fotofreigabe starten
cmd ⌘ + 3	Alben anzeigen
cmd ⌘ + 4	Projekte anzeigen
alt ⌥ + cmd ⌘ + S	Seitenleisten ein-/ausblenden
alt ⌥ + S	Geteilte Darstellung ein-/ausblenden
⇧ + cmd ⌘ + T	Metadaten/Titel ein-/ausblenden
Z	Ein- und auszoomen
cmd ⌘ + +	Schritt für Schritt vergrößern
cmd ⌘ + −	Schritt für Schritt verkleinern
ctrl + cmd ⌘ + F	Zur Vollbilddarstellung wechseln und wieder zurück

Fenster

cmd ⌘ + M	Im Dock ablegen
cmd ⌘ + I	Info
cmd ⌘ + K	Schlagwortmanager aufrufen

Hilfe

cmd ⌘ + ?	Fotos-Hilfe aufrufen

Affinity Photo

Affinity Photo ist kein Bestandteil von OS X El Capitan, aber einer der Top-Hits im App Store. Für einen mehr als moderaten Preis von 49,99 Euro bekommen Sie eine in allen Belangen herausragende Software für professionelle Bildbearbeitung, RAW-Konvertierung und eine Alternative zu Adobe Photoshop – was will man mehr.

Grundfunktionen

`alt` + `cmd ⌘` + `L`	Liquify Persona
`alt` + `cmd ⌘` + `R`	Develop Persona
`alt` + `cmd ⌘` + `E`	Export Persona
`cmd ⌘` + `,`	Einstellungen

Datei

`cmd ⌘` + `N`	Neu
`alt` + `⇧` + `cmd ⌘` + `N`	Neu aus Zwischenablage
`cmd ⌘` + `O`	Öffnen
`cmd ⌘` + `W`	Schließen
`cmd ⌘` + `S`	Speichern
`⇧` + `cmd ⌘` + `S`	Speichern unter
`alt` + `⇧` + `cmd ⌘` + `S`	Exportieren
`cmd ⌘` + `P`	Drucken

Bearbeiten

`cmd ⌘` + `Z`	Rückgängig
`⇧` + `cmd ⌘` + `Z`	Wiederholen

`cmd ⌘`+`X`	Ausschneiden
`cmd ⌘`+`C`	Kopieren
`⇧`+`cmd ⌘`+`C`	Auf Eins reduziert kopieren
`cmd ⌘`+`V`	Einfügen
`⇧`+`cmd ⌘`+`V`	Stil übertragen
`ctrl`+`cmd ⌘`+`V`	Effekt übertragen
`alt ⌥`+`cmd ⌘`+`V`	Innerhalb einfügen
`alt ⌥`+`⇧`+`cmd ⌘`+`V`	Ohne Format einfügen
`⇧`+`F5`	Füllung
`alt ⌥`+`Entf`	Restaurieren
`ctrl`+`cmd ⌘`+`Leertaste`	Emoji & Symbole

Text

`cmd ⌘`+`T`	Dialogfeld *Zeichen* öffnen
`⇧`+`cmd ⌘`+`T`	Dialogfeld *Typographie* öffnen
`cmd ⌘`+`>`	Größe/Größer
`cmd ⌘`+`<`	Größe/Kleiner
`alt ⌥`+`cmd ⌘`+`>`	Größe/Präzise vergrößern
`alt ⌥`+`cmd ⌘`+`<`	Größe/Präzise verkleinern
`alt ⌥`+`←`	Abstand Enger
`alt ⌥`+`→`	Abstand Weiter
`alt ⌥`+`cmd ⌘`+`←`	Abstand noch enger
`alt ⌥`+`cmd ⌘`+`→`	Abstand noch weiter
`ctrl`+`↵`	Zeilenwechsel
`alt ⌥`+`⇧`+`-`	Geviertstrich

`alt ⌥` + `–`	Halbgeviertstrich
`alt ⌥` + `Leertaste`	Geschütztes Leerzeichen

Dokument

`alt ⌥` + `cmd ⌘` + `I`	Dokumentgröße ändern
`alt ⌥` + `cmd ⌘` + `C`	Leinwandgröße ändern
`alt ⌥` + `⇧` + `cmd ⌘` + `↑`	90° im Uhrzeigersinn drehen
`alt ⌥` + `⇧` + `cmd ⌘` + `↓`	90° gegen Uhrzeigersinn drehen
`alt ⌥` + `⇧` + `cmd ⌘` + `←`	Horizontal spiegeln
`alt ⌥` + `⇧` + `cmd ⌘` + `→`	Vertikal spiegeln

Ebene

`⇧` + `cmd ⌘` + `F`	Verblassen
`cmd ⌘` + `I`	Invertieren
`⇧` + `cmd ⌘` + `N`	Neue Ebene
`cmd ⌘` + `L`	Neue Anpassungsebene/Anpassung – Tonwertkorrektur
`cmd ⌘` + `M`	Neue Anpassungsebene/Anpassung – Gradationskurven
`alt ⌥` + `⇧` + `cmd ⌘` + `B`	Neue Anpassungsebene/Anpassung – Schwarz-Weiß
`cmd ⌘` + `U`	Neue Anpassungsebene/Anpassung – HSL
`Entf`	Löschen
`cmd ⌘` + `J`	Duplizieren
`alt ⌥` + `E`	Abwärts zusammenlegen

⇧ + cmd ⌘ + E	Ausgewählte zusammenlegen
alt ⌥ + ⇧ + cmd ⌘ + E	Sichtbare zusammenlegen
cmd ⌘ + ←	In Kurven umwandeln

Auswählen

cmd ⌘ + A	Alles markieren
cmd ⌘ + D	Auswahl aufheben
⇧ + cmd ⌘ + I	Pixelauswahl umkehren
⇧ + cmd ⌘ + O	Auswahl aus Ebene
alt ⌥ + cmd ⌘ + A	Alle Ebenen auswählen
cmd ⌘ + B	Vergrößern/Verkleinern...
cmd ⌘ + F6	Randschärfe

Anordnen

cmd ⌘ + G	Gruppieren
⇧ + cmd ⌘ + G	Gruppieren auflösen
⇧ + cmd ⌘ +]	Ganz nach vorne
cmd ⌘ +]	Eins nach vorne
cmd ⌘ + [	Eins nach hinten
⇧ + cmd ⌘ + [	Ganz nach hinten

Filter

cmd ⌘ + F	Erneut anwenden
⇧ + cmd ⌘ + R	Objektivverzerrung

Ansicht

cmd ⌘ + +	Zoom vergrößern
cmd ⌘ + –	Zoom verkleinern
cmd ⌘ + 0	Passend zoomen
cmd ⌘ + 1	100%
cmd ⌘ + 2	200%
cmd ⌘ + 3	400%
cmd ⌘ + 4	800%
cmd ⌘ + 8	Tatsächliche Größe
cmd ⌘ + 9	Pixelgröße
cmd ⌘ + ;	Hilfslinien einblenden
cmd ⌘ + '	Raster einblenden
cmd ⌘ + R	Lineale einblenden
⇧ + cmd ⌘ + M	Medienbrowser
⇧ + cmd ⌘ + H	Studio/Studio ausblenden
alt ⌥ + cmd ⌘ + T	Symbolleiste einblenden
→|	Oberfläche ein/aus

·Fenster

ctrl + cmd ⌘ + F	Vollbilddarstellung ein/aus

Hilfe

cmd ⌘ + ?	Hilfe zu Affinity Photo

Organisieren

OS X El Capitan beinhaltet eine Vielzahl an Programmen, mit denen Sie sowohl Ihren privaten als auch den beruflichen Alltag perfekt organisieren können. Los geht's mit dem Mail-Client.

Mail

Mail ist der Purist unter den E-Mail-Cients, hat aber alles, was man zum Nachrichtenaustausch braucht.

Grundfunktionen	
cmd ⌘ + ,	Einstellungen
cmd ⌘ + H	Mail ausblenden
alt ⌥ + cmd ⌘ + H	Andere ausblenden
cmd ⌘ + Q	Mail beenden

Ablage	
cmd ⌘ + N	Neue E-Mail
alt ⌥ + cmd ⌘ + N	Neues Fenster
cmd ⌘ + O	E-Mail öffnen
cmd ⌘ + W	Geöffnetes Fenster schließen
⇧ + cmd ⌘ + W	Alle geöffneten Fenster schließen
cmd ⌘ + S	Sichern
⇧ + cmd ⌘ + S	Sichern unter
⇧ + cmd ⌘ + A	Dateianhänge hinzufügen

cmd ⌘ + Y	Übersicht der Dateianhänge
cmd ⌘ + P	Drucken

Bearbeiten

cmd ⌘ + Z	Widerrufen
⇧ + cmd ⌘ + Z	Wiederholen
cmd ⌘ + X	Ausschneiden
cmd ⌘ + C	Kopieren
cmd ⌘ + V	Einsetzen
cmd ⌘ + ←	Löschen
cmd ⌘ + A	Alles auswählen
⇧ + cmd ⌘ + V	Als Zitat einsetzen
alt ⌥ + ⇧ + cmd ⌘ + V	Einsetzen und Stil anpassen
alt ⌥ + cmd ⌘ + I	Ausgewählte E-Mails anhängen
cmd ⌘ + K	Link hinzufügen
alt ⌥ + cmd ⌘ + F	Postfach durchsuchen
cmd ⌘ + F	Suchen
cmd ⌘ + G	Weitersuchen (vorwärts)
⇧ + cmd ⌘ + G	Weitersuchen (rückwärts)
cmd ⌘ + E	Auswahl für Suche übernehmen
cmd ⌘ + J	Auswahl anzeigen
cmd ⌘ + :	Rechtschreibung und Grammatik einblenden
cmd ⌘ + ;	Dokument jetzt auf Rechtschreibung und Grammatik prüfen
fn , fn	Diktat starten

Darstellung

`alt ⌥`+`cmd ⌘`+`B`	Adressfeld *Blindkopie*
`alt ⌥`+`cmd ⌘`+`R`	Adressfeld *Antwort an*
`⇧`+`cmd ⌘`+`H`	E-Mail/Alle Header
`alt ⌥`+`cmd ⌘`+`U`	E-Mail/Reine Datei
`⇧`+`cmd ⌘`+`M`	Postfachliste ausblenden
`alt ⌥`+`⇧`+`cmd ⌘`+`H`	Favoritenliste ausblenden
`ctrl`+`cmd ⌘`+`F`	Vollbildmodus einschalten

Postfach

`⇧`+`cmd ⌘`+`N`	Alle neuen E-Mails empfangen
`alt ⌥`+`cmd ⌘`+`J`	Unerwünschte Werbung löschen
`⇧`+`cmd ⌘`+`←`	Objekte in allen Accounts endgültig löschen
`cmd ⌘`+`1`	Favoriten-Postfach öffnen: Eingang
`cmd ⌘`+`2`	Favoriten-Postfach öffnen: VIPs
`cmd ⌘`+`3`	Favoriten-Postfach öffnen: Gesendet
`cmd ⌘`+`4`	Favoriten-Postfach öffnen: Entwürfe
`cmd ⌘`+`5`	Favoriten-Postfach öffnen: Markiert
`ctrl`+`cmd ⌘`+`1`	In Favoriten-Postfach bewegen: Eingang
`ctrl`+`cmd ⌘`+`2`	In Favoriten-Postfach bewegen: VIPs
`ctrl`+`cmd ⌘`+`3`	In Favoriten-Postfach bewegen: Gesendet
`ctrl`+`cmd ⌘`+`4`	In Favoriten-Postfach bewegen: Entwürfe
`ctrl`+`cmd ⌘`+`5`	In Favoriten-Postfach bewegen: Markiert

E-Mail

⇧ + cmd ⌘ + D	Erneut senden
cmd ⌘ + R	Antworten
⇧ + cmd ⌘ + R	An alle
⇧ + cmd ⌘ + F	Weiterleiten
⇧ + cmd ⌘ + E	Umleiten
⇧ + cmd ⌘ + U	Markieren als ungelesen
⇧ + cmd ⌘ + J	Markieren als unerwünschte Werbung
ctrl + cmd ⌘ + A	Archivieren
alt ⌥ + cmd ⌘ + T	Ebenfalls in Postfach bewegen
alt ⌥ + cmd ⌘ + L	Regeln anwenden

Format

cmd ⌘ + T	Schriften einblenden
cmd ⌘ + B	Schrift fett
cmd ⌘ + I	Schrift kursiv
cmd ⌘ + U	Schrift unterstrichen
cmd ⌘ + +	Schrift größer
cmd ⌘ + −	Schrift kleiner
⇧ + cmd ⌘ + C	Farben einblenden
alt ⌥ + cmd ⌘ + C	Stil kopieren
alt ⌥ + cmd ⌘ + V	Stil einsetzen
⇧ + cmd ⌘ + T	In formatierten Text umwandeln
cmd ⌘ + {	Text linksbündig
cmd ⌘ +		Text zentriert

`cmd ⌘`+`}`	Text rechtsbündig
`cmd ⌘`+`]`	Einrückung erhöhen
`cmd ⌘`+`[`	Einrückung verringern

Fenster

`cmd ⌘`+`M`	Im Dock ablegen
`cmd ⌘`+`O`	Hauptfenster
`alt ⌥`+`cmd ⌘`+`A`	Adressen
`alt ⌥`+`cmd ⌘`+`O`	Aktivität

Kontakte

Natürlich darf auch ein digitales Adressbuch nicht fehlen. Das Adressbuch ist vorinstalliert und eng mit dem Mail-Client verzahnt.

Grundfunktionen

`cmd ⌘`+`,`	Einstellungen
`cmd ⌘`+`H`	Kontakte ausblenden
`alt ⌥`+`cmd ⌘`+`H`	Andere ausblenden
`cmd ⌘`+`Q`	Kontakte beenden

Ablage

`cmd ⌘`+`N`	Neue Visitenkarte
`⇧`+`cmd ⌘`+`N`	Neue Gruppe
`alt ⌥`+`cmd ⌘`+`N`	Neue intelligente Gruppe
`cmd ⌘`+`W`	Schließen

`cmd ⌘`+`S`	Sichern
`cmd ⌘`+`O`	Importieren
`cmd ⌘`+`P`	Drucken

Bearbeiten

`cmd ⌘`+`Z`	Widerrufen
`⇧`+`cmd ⌘`+`Z`	Wiederholen
`cmd ⌘`+`X`	Ausschneiden
`cmd ⌘`+`C`	Kopieren
`cmd ⌘`+`V`	Einsetzen
`cmd ⌘`+`A`	Alles auswählen
`cmd ⌘`+`L`	Visitenkarte bearbeiten

Darstellung

`cmd ⌘`+`1`	Gruppen ausblenden
`alt ⌥`+`cmd ⌘`+`L`	Letzten Import einblenden
`ctrl`+`cmd ⌘`+`F`	Vollbildmodus einschalten

Visitenkarte

`⇧`+`cmd ⌘`+`Ä`	Zur nächsten Visitenkarte
`⇧`+`cmd ⌘`+`Ö`	Zur vorherigen Visitenkarte
`⇧`+`cmd ⌘`+`Ü`	Ausgewählte Visitenkarten zusammenführen
`cmd ⌘`+`Ü`	Als Firma kennzeichnen
`⇧`+`cmd ⌘`+`M`	Gehe zu meiner Visitenkarte
`alt ⌥`+`cmd ⌘`+`I`	Eigenes Bild auswählen
`cmd ⌘`+`I`	In eigenem Fenster öffnen

Fenster

cmd ⌘ + M	Im Dock ablegen
cmd ⌘ + O	Kontakte

Kalender

iCal ist der Kalender für den perfekten Abgleich aller Ihrer privaten und dienstlichen Termine. Lokal oder in der iCloud.

Grundfunktionen

cmd ⌘ + ,	Einstellungen
cmd ⌘ + H	Kalender ausblenden
alt ⌥ + cmd ⌘ + H	Andere ausblenden
cmd ⌘ + Q	Kalender beenden

Ablage

cmd ⌘ + N	Neues Ereignis
alt ⌥ + cmd ⌘ + S	Neues Kalenderabonnement
cmd ⌘ + W	Schließen
cmd ⌘ + P	Drucken

Bearbeiten

cmd ⌘ + Z	Widerrufen
⇧ + cmd ⌘ + Z	Wiederholen
cmd ⌘ + X	Ausschneiden
cmd ⌘ + C	Kopieren

`cmd ⌘` + `V`	Einsetzen
`cmd ⌘` + `A`	Alle auswählen
`cmd ⌘` + `D`	Duplizieren
`cmd ⌘` + `E`	Ereignis bearbeiten
`cmd ⌘` + `I`	Informationen
`alt ⌥` + `cmd ⌘` + `I`	Informationen einblenden
`cmd ⌘` + `F`	Suchen
`cmd ⌘` + `:`	Rechtschreibung und Grammatik einblenden
`cmd ⌘` + `;`	Dokument jetzt prüfen

Darstellung

`cmd ⌘` + `1`	Tagesansicht
`cmd ⌘` + `2`	Wochenansicht
`cmd ⌘` + `3`	Monatsansicht
`cmd ⌘` + `4`	Jahresansicht
`cmd ⌘` + `→`	Weiter
`cmd ⌘` + `←`	Zurück
`cmd ⌘` + `T`	Heute anzeigen
`⇧` + `cmd ⌘` + `T`	Datum anzeigen
`cmd ⌘` + `+`	Schrift größer darstellen
`cmd ⌘` + `-`	Schrift kleiner darstellen

Fenster

`cmd ⌘` + `M`	Im Dock ablegen
`cmd ⌘` + `<`	Nächstes Fenster zeigen

`cmd ⌘` + `0`	Kalender
`alt ⌥` + `cmd ⌘` + `A`	Adressen aufrufen
`⇧` + `cmd ⌘` + `A`	Verfügbarkeit eines Kontakts

Erinnerungen

Erinnerungen ist eine einfache und überaus praktische To-do-Liste, deren Einträge man z. B. mit dem iCloud-Notizbuch verknüpfen kann. So werden alle Einträge mit iPhone, iPad und Mac synchronisiert.

Grundfunktionen

`cmd ⌘` + `H`	Erinnerungen ausblenden
`alt ⌥` + `cmd ⌘` + `H`	Andere ausblenden
`cmd ⌘` + `Q`	Erinnerungen beenden

Ablage

`cmd ⌘` + `N`	Neue Erinnerung
`cmd ⌘` + `L`	Neue Liste anlegen
`cmd ⌘` + `W`	Schließen

Bearbeiten

`cmd ⌘` + `Z`	Widerrufen
`⇧` + `cmd ⌘` + `Z`	Wiederholen
`cmd ⌘` + `X`	Ausschneiden
`cmd ⌘` + `C`	Kopieren
`cmd ⌘` + `V`	Einsetzen

cmd ⌘ + A	Alle auswählen
cmd ⌘ + F	Suchen
cmd ⌘ + 1 bis cmd ⌘ + 4	Priorität festlegen
cmd ⌘ + G	Ersetzungen/Intelligente Anführungszeichen
⇧ + cmd ⌘ + G	Intelligente Links

Darstellung

cmd ⌘ + T	Heute anzeigen
alt ⌥ + cmd ⌘ + S	Seitenleiste ein-/ausblenden
alt ⌥ + cmd ⌘ + K	Kalender ein-/ausblenden
ctrl + cmd ⌘ + F	Vollbildmodus einschalten

Fenster

cmd ⌘ + M	Im Dock ablegen
cmd ⌘ + O	Erinnerungen
cmd ⌘ + ↵	Liste in neuem Fenster öffnen

Nachrichten

Nachrichten ist ein auf die Apple-Welt zugeschnittener Messaging-Client.

Grundfunktionen

cmd ⌘ + ,	Einstellungen
cmd ⌘ + L	Anmelden
alt ⌥ + cmd ⌘ + I	Mein Profil ändern

`cmd` `⌘` + `H`	Nachrichten ausblenden
`alt` `⌥` + `cmd` `⌘` + `H`	Andere ausblenden
`cmd` `⌘` + `Q`	Nachrichten beenden

Ablage

`cmd` `⌘` + `N`	Neue Nachricht
`cmd` `⌘` + `O`	Öffnen
`cmd` `⌘` + `R`	Chatraum betreten
`cmd` `⌘` + `W`	Fenster schließen
`cmd` `⌘` + `←`	Konversation schließen
`cmd` `⌘` + `P`	Drucken

Bearbeiten

`cmd` `⌘` + `Z`	Widerrufen
`⇧` + `cmd` `⌘` + `Z`	Wiederholen
`cmd` `⌘` + `X`	Ausschneiden
`cmd` `⌘` + `C`	Kopieren
`cmd` `⌘` + `V`	Einsetzen
`alt` `⌥` + `⇧` + `cmd` `⌘` + `V`	Einsetzen und Stil anpassen
`←`	Löschen
`cmd` `⌘` + `A`	Alles auswählen
`alt` `⌥` + `cmd` `⌘` + `C`	Stil kopieren
`alt` `⌥` + `cmd` `⌘` + `V`	Stil einsetzen
`cmd` `⌘` + `K`	Link hinzufügen
`⇧` + `cmd` `⌘` + `K`	Protokoll markieren
`alt` `⌥` + `cmd` `⌘` + `K`	Protokoll löschen

Notizen

Vielseitige Notizzettel im Post-it-Stil. Neben Bildern können Sie jetzt auch Hyperlinks und Dokumente in eine Notiz einfügen. Via iCloud sind die Notizen auf all Ihren Geräten verfügbar.

Grundfunktionen

cmd ⌘ + H	Notizen ausblenden
alt ⌥ + cmd ⌘ + H	Andere ausblenden
cmd ⌘ + Q	Notizen beenden

Ablage

cmd ⌘ + N	Neue Notiz
⇧ + cmd ⌘ + N	Neuer Ordner
cmd ⌘ + W	Schließen
cmd ⌘ + P	Drucken

Bearbeiten

cmd ⌘ + Z	Widerrufen
⇧ + cmd ⌘ + Z	Wiederholen
cmd ⌘ + X	Ausschneiden
cmd ⌘ + C	Kopieren
cmd ⌘ + V	Einsetzen
alt ⌥ + ⇧ + cmd ⌘ + V	Einsetzen und Stil anpassen
←	Löschen
cmd ⌘ + A	Alle auswählen

Format Schrift

`cmd ⌘`+`T`	Schriften einblenden
`cmd ⌘`+`B`	Schrift fett
`cmd ⌘`+`I`	Schrift kursiv
`cmd ⌘`+`U`	Schrift unterstrichen
`cmd ⌘`+`+`	Schrift größer
`cmd ⌘`+`-`	Schrift kleiner
`⇧`+`cmd ⌘`+`C`	Farben einblenden
`alt ⌥`+`cmd ⌘`+`C`	Stil kopieren
`alt ⌥`+`cmd ⌘`+`V`	Stil einsetzen

Format Text

`cmd ⌘`+`{`	Text linksbündig
`cmd ⌘`+`|`	Text zentriert
`cmd ⌘`+`}`	Text rechtsbündig
`cmd ⌘`+`]`	Einrückung erhöhen
`cmd ⌘`+`[`	Einrückung verringern

Darstellung

`ctrl`+`cmd ⌘`+`F`	Vollbildmodus einschalten

Fenster

`cmd ⌘`+`M`	Im Dock ablegen
`cmd ⌘`+`O`	Notizen

FaceTime

Befindet man sich in einem WLAN, kann man mit Face-
Time vom Mac, iPhone, iPad oder auch iPod touch aus
Videotelefonate mit anderen Apple-Nutzern führen.

Grundfunktionen

cmd ⌘ + ,	Einstellungen
cmd ⌘ + K	FaceTime aktivieren/deaktivieren
cmd ⌘ + H	FaceTime ausblenden
alt ⌥ + cmd ⌘ + H	Andere ausblenden
cmd ⌘ + Q	FaceTime beenden

Bearbeiten

cmd ⌘ + Z	Widerrufen
⇧ + cmd ⌘ + Z	Wiederholen
cmd ⌘ + X	Ausschneiden
cmd ⌘ + C	Kopieren
cmd ⌘ + V	Einsetzen
cmd ⌘ + A	Alles auswählen
cmd ⌘ + F	Suchen

Video

cmd ⌘ + R	Querformat verwenden
ctrl + cmd ⌘ + F	Vollbildmodus einschalten

Fenster

cmd ⌘ + W	Schließen
cmd ⌘ + M	Minimieren

Karten

Karten ist der Routenplaner von Mac OS X, vergleichbar mit Google Maps. An einem Mac erstellte Routen können dann z. B. an das iPhone übertragen werden.

Grundfunktionen

cmd ⌘ + H	Karten ausblenden
alt ⌥ + cmd ⌘ + H	Andere ausblenden
cmd ⌘ + Q	Karten beenden

Ablage

cmd ⌘ + N	Neues Fenster
cmd ⌘ + W	Fenster schließen
cmd ⌘ + P	Drucken

Bearbeiten

cmd ⌘ + Z	Widerrufen
⇧ + cmd ⌘ + Z	Wiederholen
cmd ⌘ + X	Ausschneiden
cmd ⌘ + C	Kopieren
cmd ⌘ + V	Einsetzen

`cmd ⌘` + `A`	Alles auswählen
`⇧` + `cmd ⌘` + `D`	Stecknadel setzen
`cmd ⌘` + `F`	Suchen

Darstellung

`cmd ⌘` + `1`	Karte (Standard)
`cmd ⌘` + `2`	ÖPNV (Öffentliche Verkehrsmittel)
`cmd ⌘` + `3`	Satellit
`cmd ⌘` + `+`	Vergrößern
`cmd ⌘` + `−`	Verkleinern
`cmd ⌘` + `↑`	Nordausrichtung
`cmd ⌘` + `L`	Zum aktuellen Ort
`cmd ⌘` + `0`	3D-Karte zeigen/ausblenden
`cmd ⌘` + `R`	Route einblenden/ausblenden
`ctrl` + `cmd ⌘` + `F`	Vollbildmodus einschalten

Fenster

`cmd ⌘` + `M`	Im Dock ablegen

OS-X-Tools

Neben den bereits aufgeführten anwendungsorientierten Programmen stellt OS X zur Systempflege noch eine Reihe sogenannter Dienstprogramme zur Verfügung.

Bildschirmfoto

Erstellt Abbildungen, sprich Screenshots, vom aktuellen Bildschirminhalt.

Grundfunktionen

cmd ⌘ + ,	Einstellungen
cmd ⌘ + H	Bildschirmfoto ausblenden
alt ⌥ + cmd ⌘ + H	Andere ausblenden
cmd ⌘ + Q	Bildschirmfoto beenden

Ablage

cmd ⌘ + W	Schließen
cmd ⌘ + S	Sichern
cmd ⌘ + P	Drucken

Bearbeiten

cmd ⌘ + X	Ausschneiden
cmd ⌘ + C	Kopieren
cmd ⌘ + V	Einsetzen
cmd ⌘ + A	Alles auswählen
cmd ⌘ + 1	Information

Foto

⇧ + cmd ⌘ + A	Ausgewählter Bereich
⇧ + cmd ⌘ + W	Fenster
cmd ⌘ + Z	Bildschirm
⇧ + cmd ⌘ + Z	Selbstauslöser

Fenster

cmd ⌘ + M	Im Dock ablegen

TextEdit

Ein einfacher Texteditor mit grundlegenden Funktionen der Textverarbeitung.

Grundfunktionen

cmd ⌘ + ,	Einstellungen
cmd ⌘ + H	TextEdit ausblenden
ctrl + cmd ⌘ + H	Andere ausblenden
cmd ⌘ + Q	TextEdit beenden

Ablage

cmd ⌘ + N	Neu
cmd ⌘ + O	Öffnen
cmd ⌘ + W	Schließen
cmd ⌘ + S	Sichern
⇧ + cmd ⌘ + S	Duplizieren

alt ⌥ + cmd ⌘ + P	Eigenschaften einblenden
⇧ + cmd ⌘ + P	Papierformat
cmd ⌘ + P	Drucken

Bearbeiten

cmd ⌘ + Z	Widerrufen
⇧ + cmd ⌘ + Z	Wiederholen
cmd ⌘ + X	Ausschneiden
cmd ⌘ + C	Kopieren
cmd ⌘ + V	Einsetzen
alt ⌥ + ⇧ + cmd ⌘ + V	Einsetzen und Stil anpassen
cmd ⌘ + A	Alles auswählen
⇧ + cmd ⌘ + A	Anhänge hinzufügen

Format

⇧ + cmd ⌘ + T	In reinen Text umwandeln
⇧ + cmd ⌘ + W	Seitenränder einblenden

Darstellung

cmd ⌘ + 0	Originalgröße
alt ⌥ + cmd ⌘ + +	Vergrößern
alt ⌥ + cmd ⌘ + -	Verkleinern
ctrl + cmd ⌘ + F	Vollbildmodus einschalten

Fenster

cmd ⌘ + M	Im Dock ablegen

Rechner

Ein einfacher Taschenrechner mit Grundrechenarten, der sich mit einem Klick zu einem wissenschaftlichen Rechner mausert.

Grundfunktionen

cmd ⌘ + H	Rechner ausblenden
alt ⌥ + cmd ⌘ + H	Andere ausblenden
cmd ⌘ + Q	Rechner beenden

Ablage

cmd ⌘ + W	Schließen
⇧ + cmd ⌘ + S	Beleg sichern unter
⇧ + cmd ⌘ + P	Papierformat
cmd ⌘ + P	Beleg drucken

Bearbeiten

cmd ⌘ + Z	Widerrufen
⇧ + cmd ⌘ + Z	Wiederholen
cmd ⌘ + X	Ausschneiden
cmd ⌘ + C	Kopieren
cmd ⌘ + V	Einsetzen
cmd ⌘ + A	Alles auswählen

Darstellung

cmd ⌘ + 1	Standard
cmd ⌘ + 2	Wissenschaftlich

cmd ⌘ + 3	Programmierer
cmd ⌘ + R	Umgekehrte polnische Notation

Fenster

cmd ⌘ + M	Im Dock ablegen
cmd ⌘ + T	Beleg einblenden

Schriftsammlung

Damit erweitern Sie die bereits installierten Schriften um neue Font-Familien, die dann in allen Programmen zur Verfügung stehen.

Grundfunktionen

cmd ⌘ + ,	Einstellungen
cmd ⌘ + H	Schriftsammlung ausblenden
alt ⌥ + cmd ⌘ + H	Andere ausblenden
cmd ⌘ + Q	Schriftsammlung beenden

Ablage

cmd ⌘ + N	Neue Sammlung
alt ⌥ + cmd ⌘ + N	Neue Bibliothek
cmd ⌘ + O	Schriften hinzufügen
cmd ⌘ + W	Schließen
cmd ⌘ + S	Bericht sichern
cmd ⌘ + R	Im Finder zeigen
cmd ⌘ + P	Drucken

Bearbeiten

`cmd ⌘` + `Z`	Widerrufen
`⇧` + `cmd ⌘` + `Z`	Wiederholen
`cmd ⌘` + `X`	Ausschneiden
`cmd ⌘` + `C`	Kopieren
`cmd ⌘` + `V`	Einsetzen
`cmd ⌘` + `←`	Löschen
`cmd ⌘` + `A`	Alle auswählen
`⇧` + `cmd ⌘` + `D`	Familie *Fontname* deaktivieren
`⇧` + `cmd ⌘` + `E`	*Alle Schriften* deaktivieren
`cmd ⌘` + `L`	Nach aktivierten Duplikaten suchen
`alt ⌥` + `cmd ⌘` + `F`	Schrift suchen
`cmd ⌘` + `F`	Suchen
`cmd ⌘` + `G`	Weitersuchen (vorwärts)
`⇧` + `cmd ⌘` + `G`	Weitersuchen (rückwärts)

Vorschau

`cmd ⌘` + `1`	Beispiel
`cmd ⌘` + `2`	Repertoire
`cmd ⌘` + `3`	Eigene
`cmd ⌘` + `I`	Schriftinformationen einblenden
`alt ⌥` + `cmd ⌘` + `I`	Vorschau ausblenden

Fenster

`cmd ⌘` + `M`	Im Dock ablegen

Festplattendienstprogramm

Interne und externe Festplatten auf Fehler prüfen und gefundene Fehler beheben, formatieren und neu partitionieren.

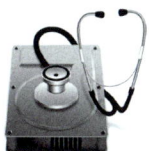

Grundfunktionen

`cmd ⌘` + `H`	Festplattendienstprogramm ausblenden
`alt ⌥` + `cmd ⌘` + `H`	Andere ausblenden
`cmd ⌘` + `Q`	Festplattendienstprogramm beenden

Ablage

`cmd ⌘` + `N`	Neues Image/Leeres Image
`⇧` + `cmd ⌘` + `N`	Image von Ordner
`alt ⌥` + `cmd ⌘` + `O`	Disk-Image öffnen
`cmd ⌘` + `I`	Information

Bearbeiten

`⇧` + `cmd ⌘` + `R`	Wiederherstellen
`⇧` + `cmd ⌘` + `P`	Partition
`⇧` + `cmd ⌘` + `E`	Löschen
`cmd ⌘` + `Z`	Widerrufen
`⇧` + `cmd ⌘` + `Z`	Wiederholen
`cmd ⌘` + `X`	Ausschneiden
`cmd ⌘` + `C`	Kopieren
`cmd ⌘` + `V`	Einsetzen
`cmd ⌘` + `A`	Alles auswählen

Fenster

cmd ⌘ + M	Im Dock ablegen
cmd ⌘ + D	Festplattendienstprogramm

Hilfe

cmd ⌘ + ?	Hilfe zum Festplattendienstprogramm

Schlüsselbundverwaltung

Speichert auf Nachfrage alle Kennwörter, die man zum Anmelden für Webseiten, Server oder E-Mail-Anwendungen benötigt.

Grundfunktionen

cmd ⌘ + ,	Einstellungen
alt ⌥ + cmd ⌘ + A	Schlüsselbund – Erste Hilfe
alt ⌥ + cmd ⌘ + K	Ticket-Viewer
cmd ⌘ + H	Schlüsselbundverwaltung ausblenden
alt ⌥ + cmd ⌘ + H	Andere ausblenden
cmd ⌘ + Q	Schlüsselbundverwaltung beenden

Ablage

cmd ⌘ + N	Neues Passwort
⇧ + cmd ⌘ + N	Neue sichere Notiz
alt ⌥ + cmd ⌘ + N	Neuer Schlüsselbund
⇧ + cmd ⌘ + I	Objekte importieren

⇧ + cmd ⌘ + E	Objekte exportieren
⇧ + cmd ⌘ + A	Schlüsselbund hinzufügen
alt ⌥ + cmd ⌘ + ←	Schlüsselbund *Anmeldung* löschen
cmd ⌘ + W	Schließen
cmd ⌘ + I	Information
cmd ⌘ + L	Schlüsselbund *Anmeldung* schützen

Bearbeiten

cmd ⌘ + Z	Widerrufen
⇧ + cmd ⌘ + Z	Wiederholen
cmd ⌘ + X	Ausschneiden
cmd ⌘ + C	Kopieren
⇧ + cmd ⌘ + C	Passwort in die Zwischenablage kopieren
←	Löschen
cmd ⌘ + A	Alles auswählen
alt ⌥ + cmd ⌘ + L	Schlüsselbundliste
alt ⌥ + cmd ⌘ + F	Suchen

Darstellung

cmd ⌘ + K	Schlüsselbund ein-/ausblenden

Fenster

cmd ⌘ + M	Im Dock ablegen

Terminal

Mac OS X basiert im Kern auf dem klassischen UNIX-Betriebssystem. UNIX arbeitet ohne grafische Benutzeroberfläche und wird mit Kommandozeilenbefehlen gesteuert. Und wozu braucht man das heute? Weil es auf Administratorebene immer noch Aufgaben gibt, die via Kommandozeilenbefehl schneller gelöst werden können als mit der Maus.

Grundfunktionen	
cmd ⌘ + ,	Einstellungen
cmd ⌘ + H	Terminal ausblenden
alt ⌥ + cmd ⌘ + H	Andere ausblenden
cmd ⌘ + Q	Terminal beenden

Shell	
cmd ⌘ + N	Neues Fenster mit Basiseinstellungen
cmd ⌘ + T	Neuer Tab mit Basiseinstellungen
⇧ + cmd ⌘ + N	Neuer Befehl
⇧ + cmd ⌘ + K	Neue entfernte Verbindung
cmd ⌘ + O	Importieren
cmd ⌘ + W	Schließen
cmd ⌘ + S	Text exportieren als
⇧ + cmd ⌘ + S	Ausgewählten Text exportieren als
cmd ⌘ + I	Informationen einblenden
⇧ + cmd ⌘ + I	Titel bearbeiten
alt ⌥ + cmd ⌘ + R	Zurücksetzen

`ctrl` + `alt ⌥` + `cmd ⌘` + `R`	Hard Reset senden
`alt ⌥` + `cmd ⌘` + `P`	Auswahl drucken
`cmd ⌘` + `P`	Drucken

Bearbeiten

`cmd ⌘` + `Z`	Widerrufen
`⇧` + `cmd ⌘` + `Z`	Wiederholen
`cmd ⌘` + `X`	Ausschneiden
`cmd ⌘` + `C`	Kopieren
`cmd ⌘` + `V`	Einsetzen
`ctrl` + `cmd ⌘` + `V`	Text mit Steuerzeichen einsetzen
`⇧` + `cmd ⌘` + `V`	Auswahl einsetzen
`cmd ⌘` + `A`	Alles auswählen
`⇧` + `cmd ⌘` + `A`	Markierte Auswahl auswählen
`cmd ⌘` + `L`	Bis zur vorherigen Markierung löschen
`alt ⌥` + `cmd ⌘` + `L`	Bis zum vorherigen Lesezeichen löschen
`cmd ⌘` + `K`	Bis zum Start löschen
`alt ⌥` + `cmd ⌘` + `K`	Zeilenpuffer löschen
`ctrl` + `cmd ⌘` + `L`	Bildschirm leeren

Ansicht

`⇧` + `cmd ⌘` + `T`	Tableiste einblenden
`⇧` + `cmd ⌘` + `⇪`	Alternativen Bildschirm einblenden
`cmd ⌘` + `R`	Mouse-Reporting erlauben
`cmd ⌘` + `D`	Geteiltes Fenster

⇧ + cmd ⌘ + D	Geteiltes Fenster schließen
cmd ⌘ + +	Größer
cmd ⌘ + –	Kleiner
cmd ⌘ + ↖	Zum Anfang
cmd ⌘ + ↘	Zum Ende
cmd ⌘ + ⇞	Seite nach oben
cmd ⌘ + ⇟	Seite nach unten
cmd ⌘ + ↑	Zeile nach oben
cmd ⌘ + ↓	Zeile nach unten
ctrl + cmd ⌘ + F	Vollbildmodus einschalten

Fenster

cmd ⌘ + M	Im Dock ablegen
cmd ⌘ + ´	Nächstes Fenster
cmd ⌘ + }	Nächsten Tab auswählen
cmd ⌘ + {	Vorherigen Tab auswählen